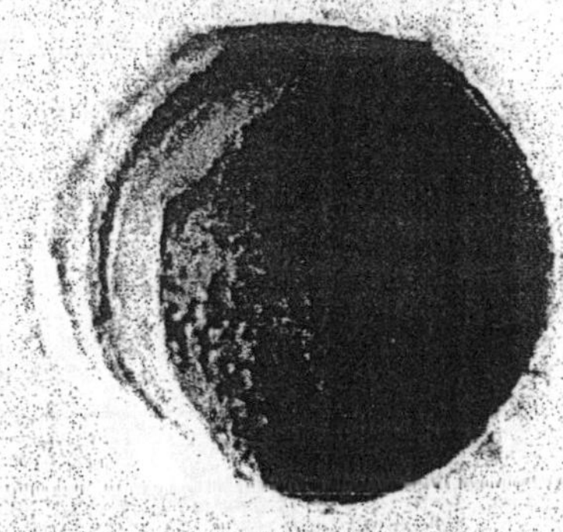

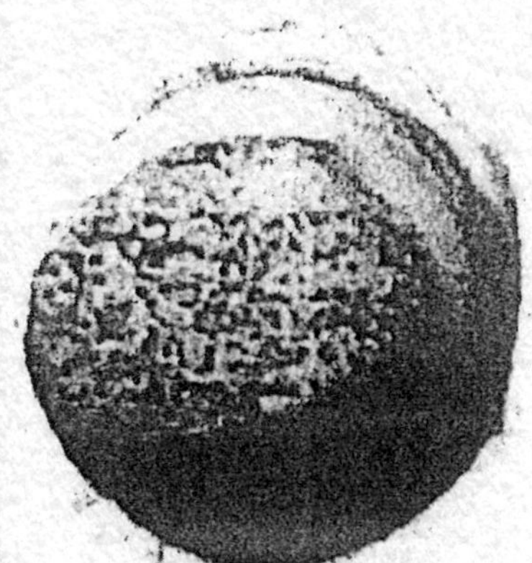

usca en el luga
de la obra en ej

Esto nos muestra
un tema o ya no
artista concentr
que debe darse
y la ejecución

Encomendado el
nardo imaginó q

un aspecto o en
presente en toda

Tal vez, dicho l
la del creador e
tipo de recepció

Se cuenta que Le
el refectorio de
pasaba un día en
pincelada. ¿Podr
titud de Jackson

la del creador en actitud de plas
tipo de recepción que la obra le su

Se cuenta que Leonardo, en ocasión
el refectorio del monasterio de Sar
pasaba un día entero sobre el andar
pincelada. ¿Podría ser considerada
titud de Jackson Pollock al confes
duzca en el lugar donde trabaja pu
de la obra en ejecución?

Esto nos muestra que en cualquier
un tema o ya no existiendo como es
artista concentra su inspiración e
que debe darse entre el propósito
y la ejecución de la misma.

Encomendado el tema de la Ultima C
nardo imaginó que el momento más p

Parece que hemos llegado al momento
arte visual no reside en el tema sin
artista le da a un tema que progres
texto. Esta tendencia a considerar
se acentúa con Cézanne y toda la suc
el transcurso del llamado arte mode

André Malraux como una fórmula de s
este proceso ha expresado que Cézan
dustrial pienta fruteros y manzanas

Sin embargo es necesario no estable
ma y tratamiento, ambos aspectos so
distintivamente es para volver a un
ticamente. Sería erróneo hacer sopo
un aspecto o en otro. El significad
presente en toda ella como unidad.

este proceso ha expresado que durante en la época industrial pienta fruteros y manzanas.

Sin embargo es necesario no establecer una separación tajante entre te
ma y tratamiento, ambos aspectos son indisolubles. Si se los observa
distintivamente es para volver a unirlos más comprensivamente o más cr
ticamente. Sería erróneo hacer soportar la significación de la obra en
un aspecto o en otro. El significado de la obra en cualquier época est
presente en toda ella como unidad.

Tal vez, dicho lo anterior, resulte oportuno diferenciar dos instancia
la del creador en actitud de plasmar la obra y la del espectador con e
tipo de recepción que la obra le suscita.

Se cuenta que Leonardo, en ocasión de estar pintando su Ultima Cena en
el refectorio del monasterio de Santa María delle Grazie, de Milán,
pasaba un día entero sobre el andamio en estado de reflexión sin dar u
pincelada. ¿Podría ser considerada totalmente diferente a su vez la ac
titud de Jackson Pollock al confesar que eventualmente algo que se pro
dusca en el lugar donde trabaja puede desconcentrarlo y desconectarlo
de la obra en ejecución?

Esto nos muestra que en cualquier época, los grandes greadores, median
un tema o ya no existiendo como es el caso de las obras de Pollock, e
artista concentra su inspiración en el logro de esa amalgama o unidad
que debe darse entre el propósito o sentido que quiere darle a la obr
y la ejecución de la misma.

Encomendado el tema de la Ultima Cena, la buceadora inteligencia de L
nardo imaginó que el momento más propicio para representar fisonomías
y posturas que fueran reflejo del dramatismo del momento era aquel en

brindó imagen a todo el período napoleónico. Poco después se produjo la explosión del Romanticismo en todas las artes, especialmente en la poesía y en la música.

Este períddo romántico, tanto por la nueva posición que el artista tiene respecto a la sociedad como por la libertad creativa que conquista, derivada de una más personal concepción del arte, hace que estemos ya más próximos al Arte Moderno.

¿Quienes fueron estos artistas? Goya, con sus monstruos y caprichos; William Blake y Caspar David Friedrich con sus ensoñaciones; Constable y Turner con sus paisajes; Eugene Delacroix con sus escenas exóticas y revolucionarias; los pintores de la Escuela de Barbizon como Corot y Millet con su intimismo atmosférico, Courbet con su realismo; Doumier; Manet; etc.
Estas grandes figuras ejercen su libertad creativa no sólo en el hecho de que eligen sus temas sino que ahora sus temas se originan en la particular concepción que tienen del arte.

Con el Impresionismo, del cual los artistas anteriormente nombrados constituyen una suerte de antesala, el tema de la obra se transforma en "motivo" debido a que para estos artistas del Impresionismo el tema tradicionalmente considerado no les interesa puesto que su propósito es captar el efecto que la luz produce en las cosas y en la atmósfera.

Parece que hemos llegado al momento en que lo importante de la obra de arte visual no reside en el tema sino en el peculiar tratamiento que el artista le da a un tema que progresivamente se va transformando en pretexto. Esta tendencia a considerar el tema o motivo como un pretexto se acentúa con Cézanne y toda la sucesión de ismos que encontramos en el transcurso del llamado arte moderno.

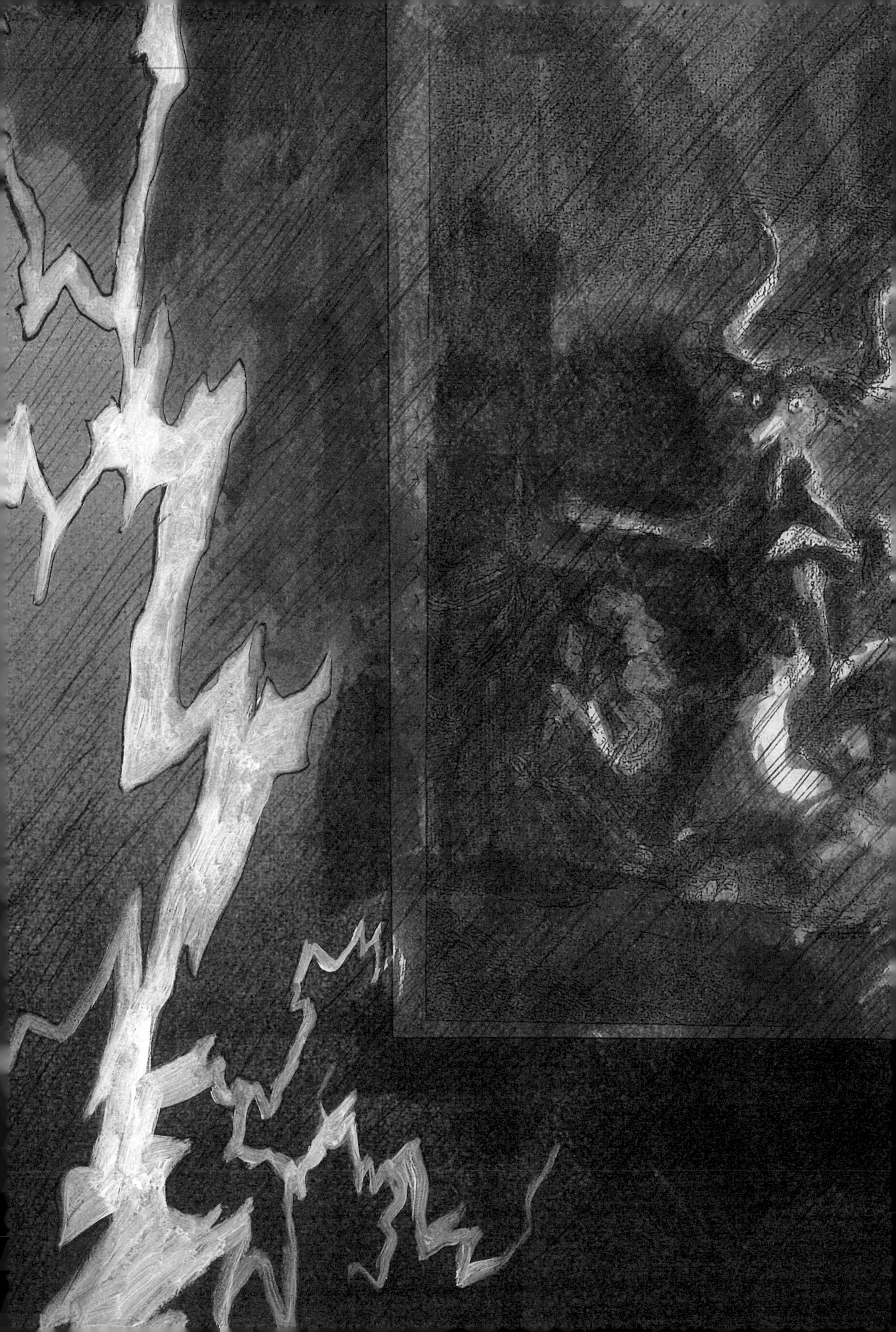

Brujería, satanismo, sadismo

1. La bruja

Desde la más remota antigüedad han existido seres diabólicos expertos en brujerías, filtros mágicos y otros encantamientos; se les menciona en el *Código de Hammurabi*, a comienzos del segundo milenio a.C., en la cultura egipcia, en los tiempos de Asurbanipal en el siglo VII a.C., y en la Biblia, donde se habla de la lapidación de nigromantes y adivinos. La cultura griega conocía magas como Medea y Circe, en las leyes romanas de las Doce Tablas se condenaba la magia negra y en la literatura latina hallamos testimonios como los de Horacio y Apuleyo.

Desde los inicios, aunque se reconociera que la magia negra era practicada tanto por hombres (los *brujos*) como por mujeres (las *brujas*), por una especie de misoginia arraigada se identificaba preferentemente al ser maléfico con una mujer. Con mayor razón en el mundo cristiano, la unión con el diablo solo podía llevar a cabo una mujer. De hecho, en la Edad Media ya se menciona el aquelarre como una reunión diabólica en la que las brujas no solo se dedican a prácticas encantamientos sino que organizan incluso auténticas orgías, manteniendo relaciones sexuales con el diablo bajo la forma de un macho cabrío, símbolo de la concupiscencia. Por último, la imagen de la bruja que cabalga a lomos de una escoba (aunque luego se transforma en la figura benéfica de la Befana) representa una clara alusión fálica.

La leyenda no nació de la nada. Las llamadas brujas eran ancianas hechiceras que afirmaban conocer hierbas medicinales y otros filtros. Algunas eran pobres mendigantes que vivían a costa de la credulidad popular, otras estaban realmente convencidas de tener relaciones con el demonio y eran casos clínicos. Pero en su conjunto las brujas representaban una forma de subcultura popular.

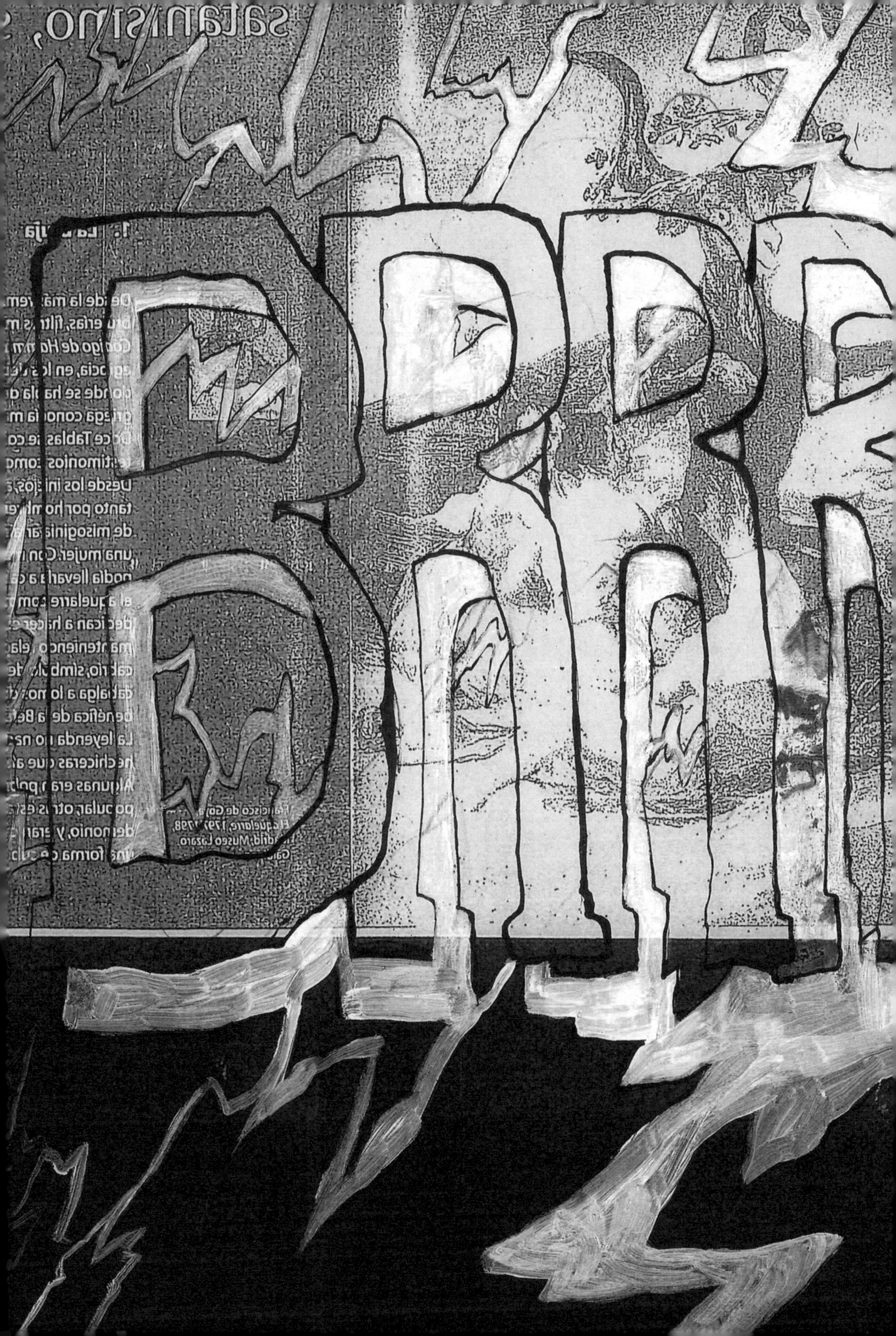

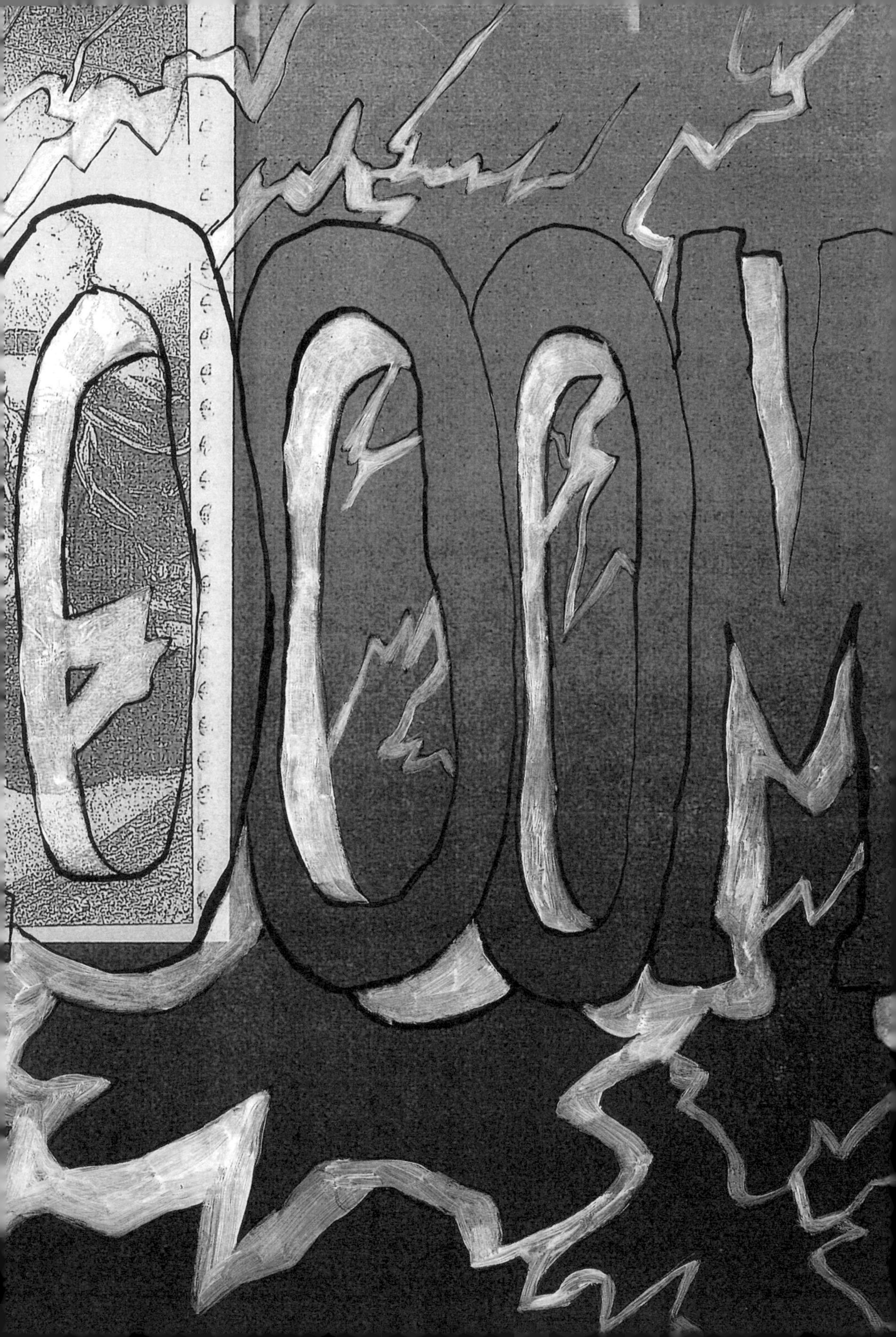

Brujería,
satanismo, sadismo

Bruja

Da Silva nos remonta a antiguo... han existido seres diabólicos expertos en
agüeros, filtros mágicos y en los encantamientos; se les menciona en el
Código de Hammurabi, a comienzos del segundo milenio a. C., en la cultura
egipcia en los tiempos de Asurbanipal en el siglo VII a. C., y en la Biblia,
donde se habla de la lapidación de nigromantes y adivinos. La cultura
griega conoció magas como Medea y Circe, en las leyes romanas de las
Doce Tablas se condenaba la magia negra y en la literatura latina hallamos
testimonios como los de Horacio y Apuleyo.

Desde los inicios, aunque se reconoció que la magia negra era practicada
tanto por hombres (los *brujos*) como por mujeres (las *brujas*), por una especie
de misoginia arraigada se identificaba preferentemente al ser maléfico con
una mujer. Con mayor razón en el mundo cristiano, la unión con el diablo solo
podía llevarla a cabo una mujer. De hecho, en la Edad Media ya se menciona
el aquelarre como una reunión diabólica en la que las brujas no solo se
dedicaban a el encantamientos, sino que organizaban incluso auténticas orgías,
manteniendo relaciones sexuales con el diablo bajo la forma de un macho
cabrío, símbolo de la concupiscencia. Por último, la imagen de la bruja que
cabalga a lomos de una escoba (aunque luego se transforma en la figura
benigna de la befana) representa una clara alusión fálica.

La leyenda no nacía de la nada. Las llamadas brujas eran ancianas
hechiceras que afirmaban conocer hierbas medicinales y otros filtros;
algunas eran pobres intrigantes que vivían a costa de la credulidad
popular, otras estaban realmente convencidas de tener relaciones con el
demonio y eran casos clínicos. Pero en conjunto las brujas representaban
una forma de subcultura popular.

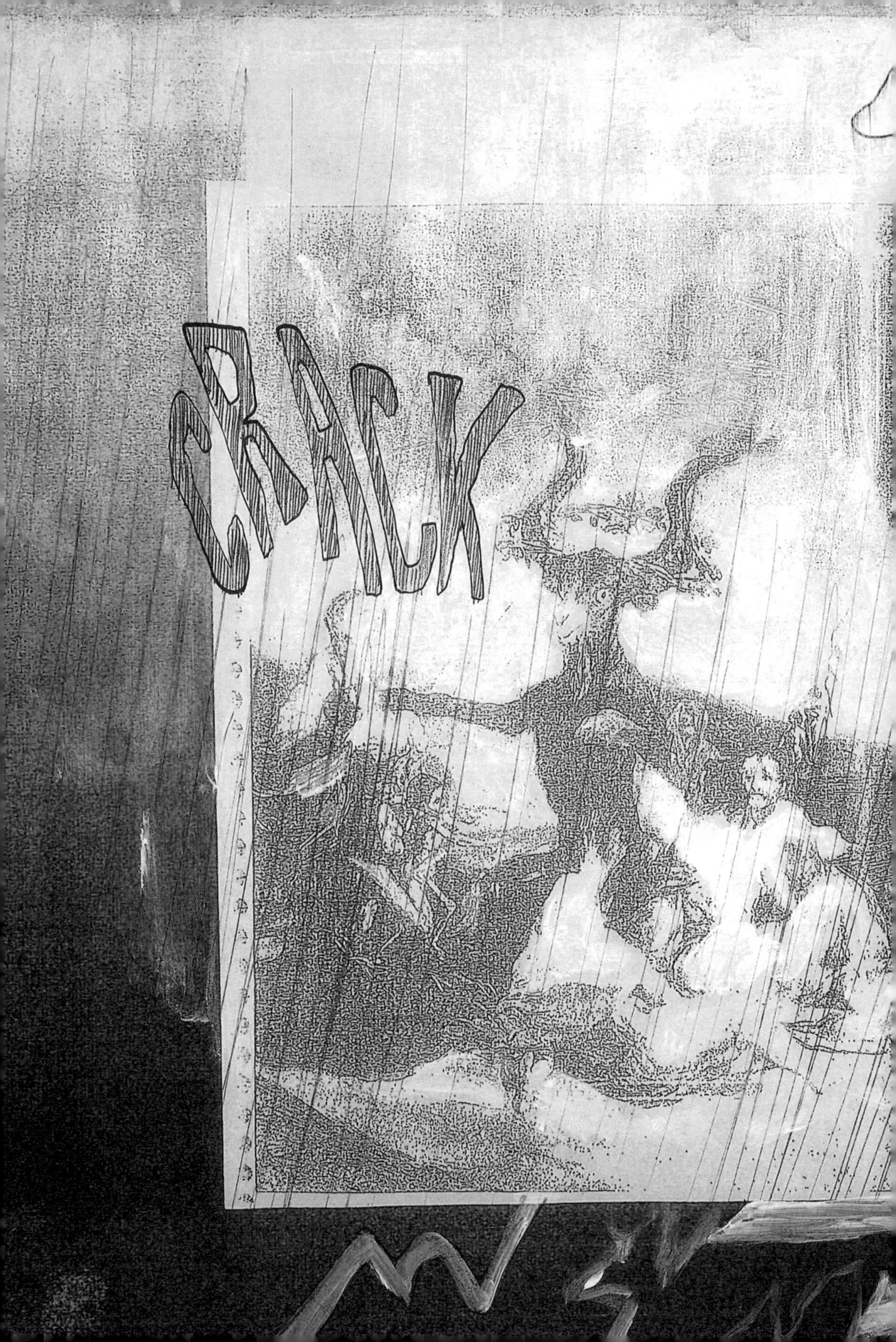

CRACK

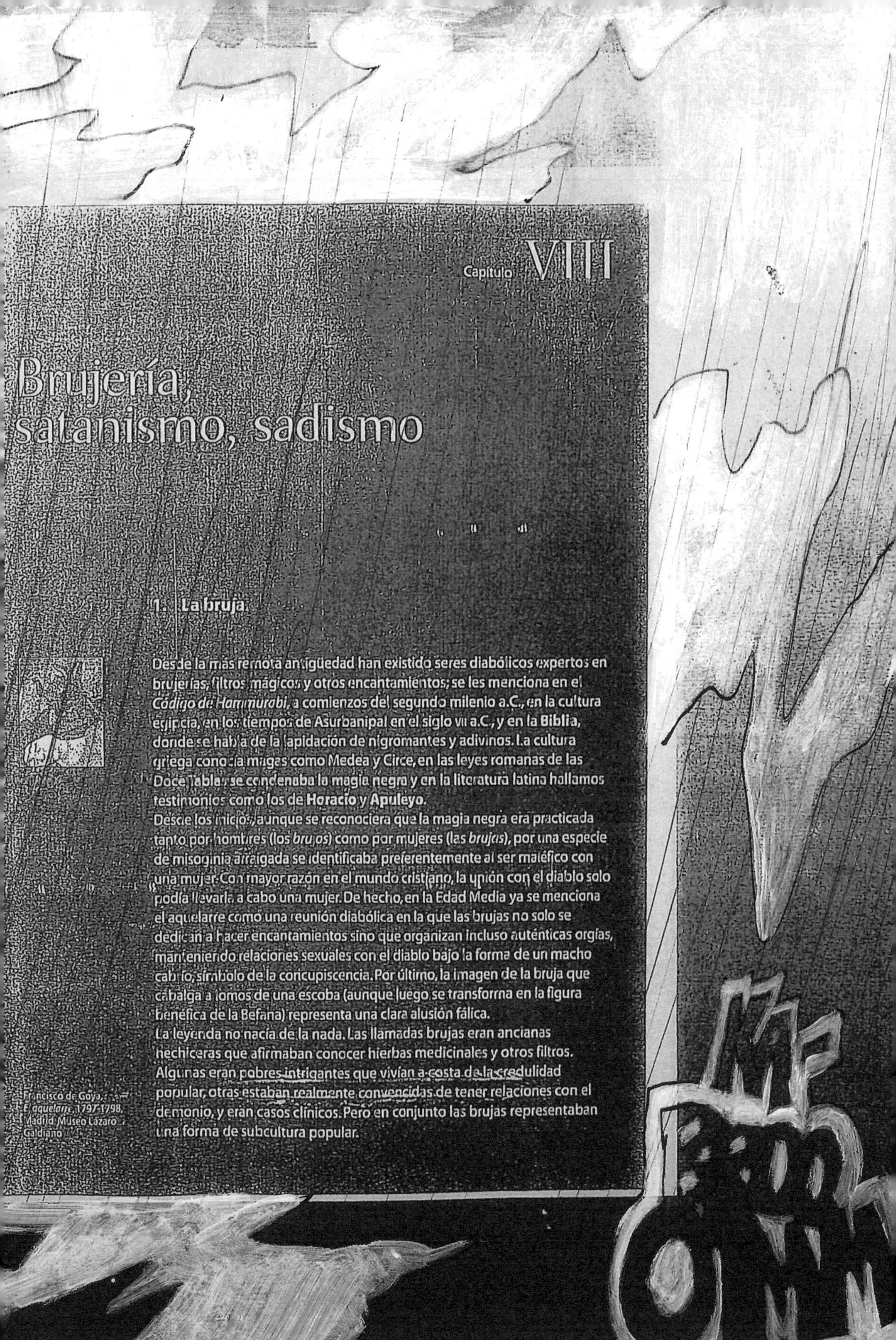

Brujería, satanismo, sadismo

1. La bruja

Desde la más remota antigüedad han existido seres diabólicos expertos en brujerías, filtros mágicos y otros encantamientos; se les menciona en el *Código de Hammurabi*, a comienzos del segundo milenio a.C., en la cultura egipcia, en los tiempos de Asurbanipal en el siglo VII a.C., y en la **Biblia**, donde se habla de la lapidación de nigromantes y adivinos. La cultura griega conocía magas como Medea y Circe, en las leyes romanas de las Doce Tablas se condenaba la magia negra y en la literatura latina hallamos testimonios como los de **Horacio** y **Apuleyo**.

Desde los inicios, aunque se reconociera que la magia negra era practicada tanto por hombres (los *brujos*) como por mujeres (las *brujas*), por una especie de misoginia arraigada se identificaba preferentemente al ser maléfico con una mujer. Con mayor razón en el mundo cristiano, la unión con el diablo solo podía llevarla a cabo una mujer. De hecho, en la Edad Media ya se menciona el aquelarre como una reunión diabólica en la que las brujas no solo se dedican a hacer encantamientos sino que organizan incluso auténticas orgías, manteniendo relaciones sexuales con el diablo bajo la forma de un macho cabrío, símbolo de la concupiscencia. Por último, la imagen de la bruja que cabalga a lomos de una escoba (aunque luego se transforma en la figura benéfica de la Befana) representa una clara alusión fálica.

La leyenda no nacía de la nada. Las llamadas brujas eran ancianas hechiceras que afirmaban conocer hierbas medicinales y otros filtros. Algunas eran pobres intrigantes que vivían a costa de la credulidad popular, otras estaban realmente convencidas de tener relaciones con el demonio, y eran casos clínicos. Pero en conjunto las brujas representaban una forma de subcultura popular.

Francisco de Goya, *El aquelarre*, 1797-1798, Madrid: Museo Lázaro Galdiano

Brujería, satanismo, sadismo

1.1 La bruja

BRRROOOM

brujería, satanismo, sadismo

Brujería,
satanismo, sadismo

La bruja

Desde la más remota antigüedad han existido seres diabólicos expertos en
brujería (los magos) y otros encantamientos. Se les menciona en el
Código de Hammurabi, a comienzos del segundo milenio a.C., en la cultura
egipcia, en los templos de Asurbanipal en el siglo VII a.C. y en la Biblia,
donde se habla de la lapidación de nigromantes y adivinos. La cultura
griega conoció magas como Medea y Circe, en las leyes romanas de las
Doce Tablas se condenaba la magia negra y en la literatura latina hallamos
testimonios como los de Horacio y Apuleyo.
Desde los inicios, aunque se reconocía que la magia negra era practicada
tanto por hombres (los brujos) como por mujeres (las brujas), por una especie
de misoginia arraigada se identificaba preferentemente al ser maléfico con
una mujer. Con mayor razón en el mundo cristiano, la unión con el diablo solo
podía llevarla a cabo una mujer. De hecho, en la Edad Media ya se menciona
el aquelarre como una reunión diabólica en la que las brujas no solo se
dedican a hacer encantamientos sino que organizan incluso auténticas orgías,
manteniendo relaciones sexuales con el diablo bajo la forma de un macho
cabrío, símbolo de la concupiscencia. Por último, la imagen de la bruja que
cabalga a lomos de una escoba (aunque luego se transforma en la figura
benéfica de la Befana) representa una clara alusión fálica.
La leyenda no nació de la nada. Las llamadas brujas eran ancianas
hechiceras que afirmaban conocer hierbas medicinales y otros filtros.
Algunas eran pobres intrigantes que vivían a costa de la credulidad
popular, otras estaban realmente convencidas de tener relaciones con el
demonio, y eran casos clínicos. Pero en conjunto las brujas representaban
una forma de subcultura popular.

Francisco de Goya
El aquelarre, 1797-1798
Madrid, Museo Lázaro
Galdiano

Satanismo y sadismo

La fábula

En todos los tiempos y en toda antigüedad han existido artes diabólicas expresos en brujas, filtros, magos, varios instrumentos, se les menciona en el código de Hammurabi a comienzos del segundo milenio, y en la cultura etrusca en los tiempos de Numa Pompilio, y en el siglo II a.C. en la Biblia, donde se habla de la expresión de algunos males y adivinos. La cultura griega rodó a magas como Medea y Circe, en las leyes romanas de las Doce Tablas se condenaba la magia negra y en la literatura latina llamas testimonios como los de Horacio y Apuleyo.

Desde los inicios, aunque se reconociera que la magia negra era propia cada tanto de hombres (los brujos) como por mujeres (las brujas), por una especie de misoginia arraigada se identificaba preferentemente al ser maléfico con una mujer. Con mayor razón en el mundo cristiano la unión con el diablo solo podía llevarla a cabo una mujer. De hecho, en la Edad Media ya se menciona el aquelarre como una reunión diabólica en la que las brujas no solo se dedican a hacer encantamientos sino que organizan incluso auténticas orgías, manteniendo relaciones sexuales con el diablo bajo la forma de un macho cabrío, símbolo de la concupiscencia. Por último, la imagen de la bruja que cabalga a lomos de una escoba (aunque luego se transforma en la figura benéfica de la Befana) representa una clara alusión fálica.

La leyenda no nace de la nada. Las llamadas brujas eran ancianas hechiceras que afirmaban conocer hierbas medicinales y otros filtros. Algunas eran pobres intrigantes que vivían a costa de la credulidad popular, otras estaban realmente convencidas de tener relaciones con el demonio, y eran casos clínicos. Pero en conjunto las brujas representaban una forma de subcultura popular.

Francisco de Goya
El aquelarre, 1797-1798
Madrid, Museo Lázaro
Galdiano

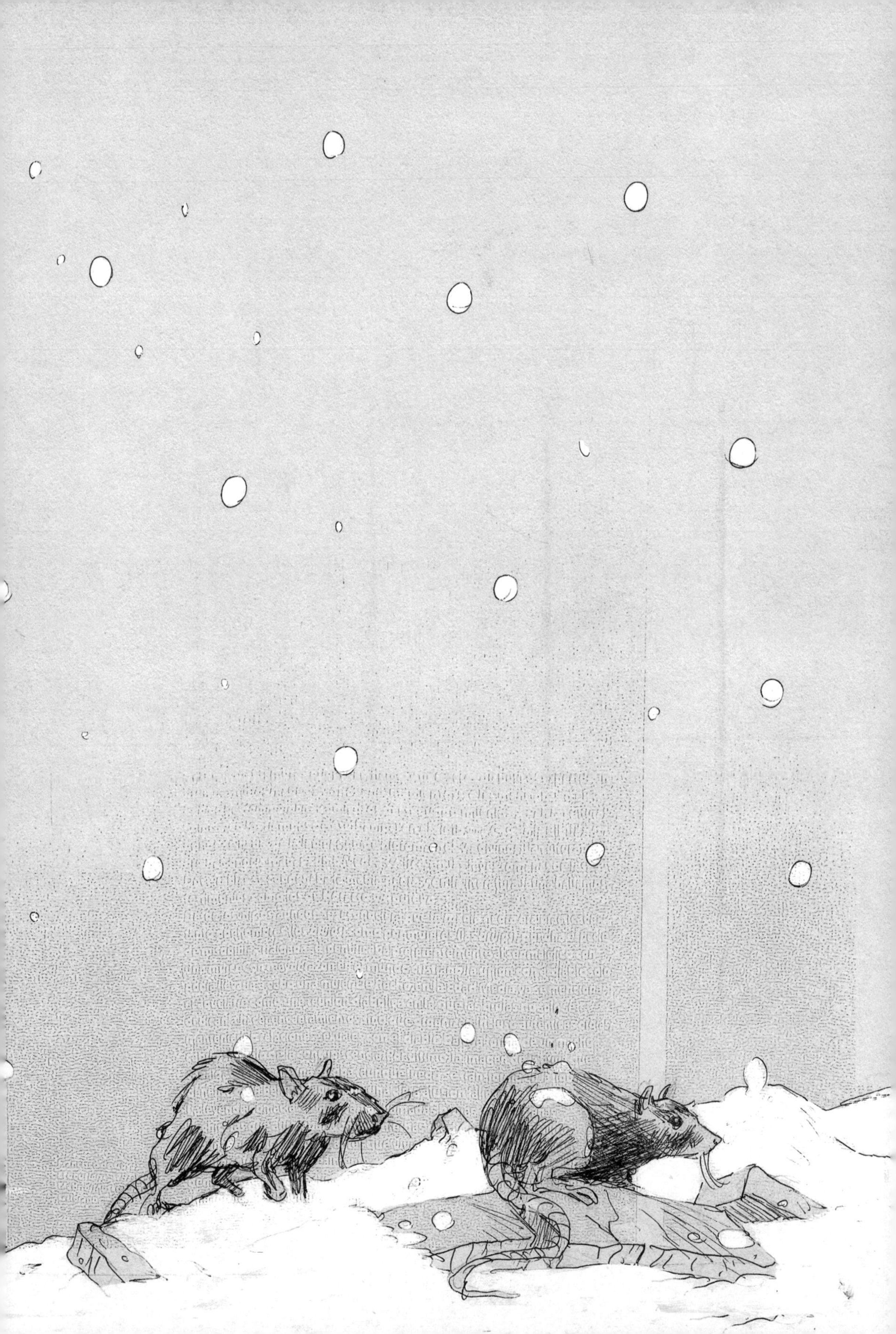

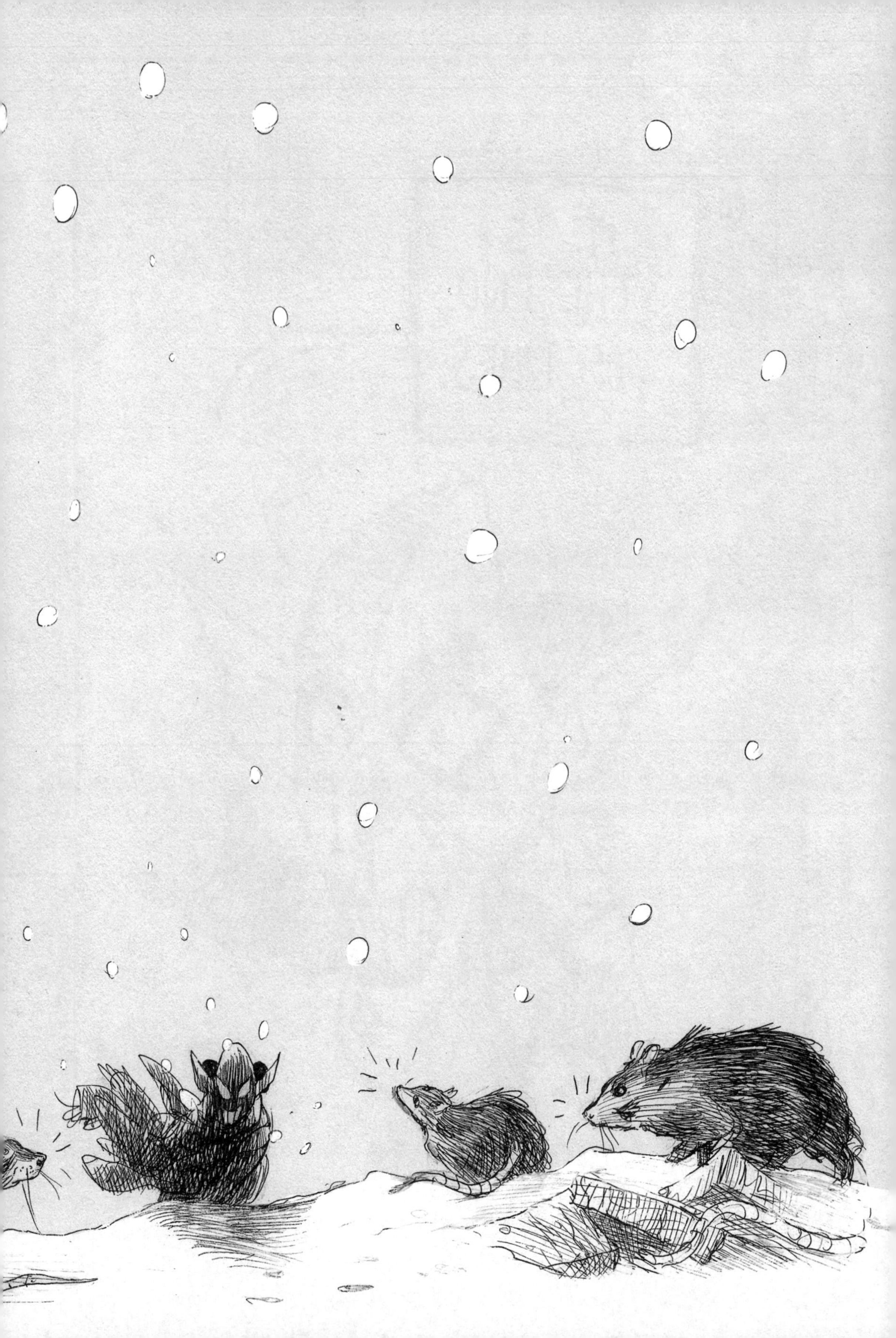

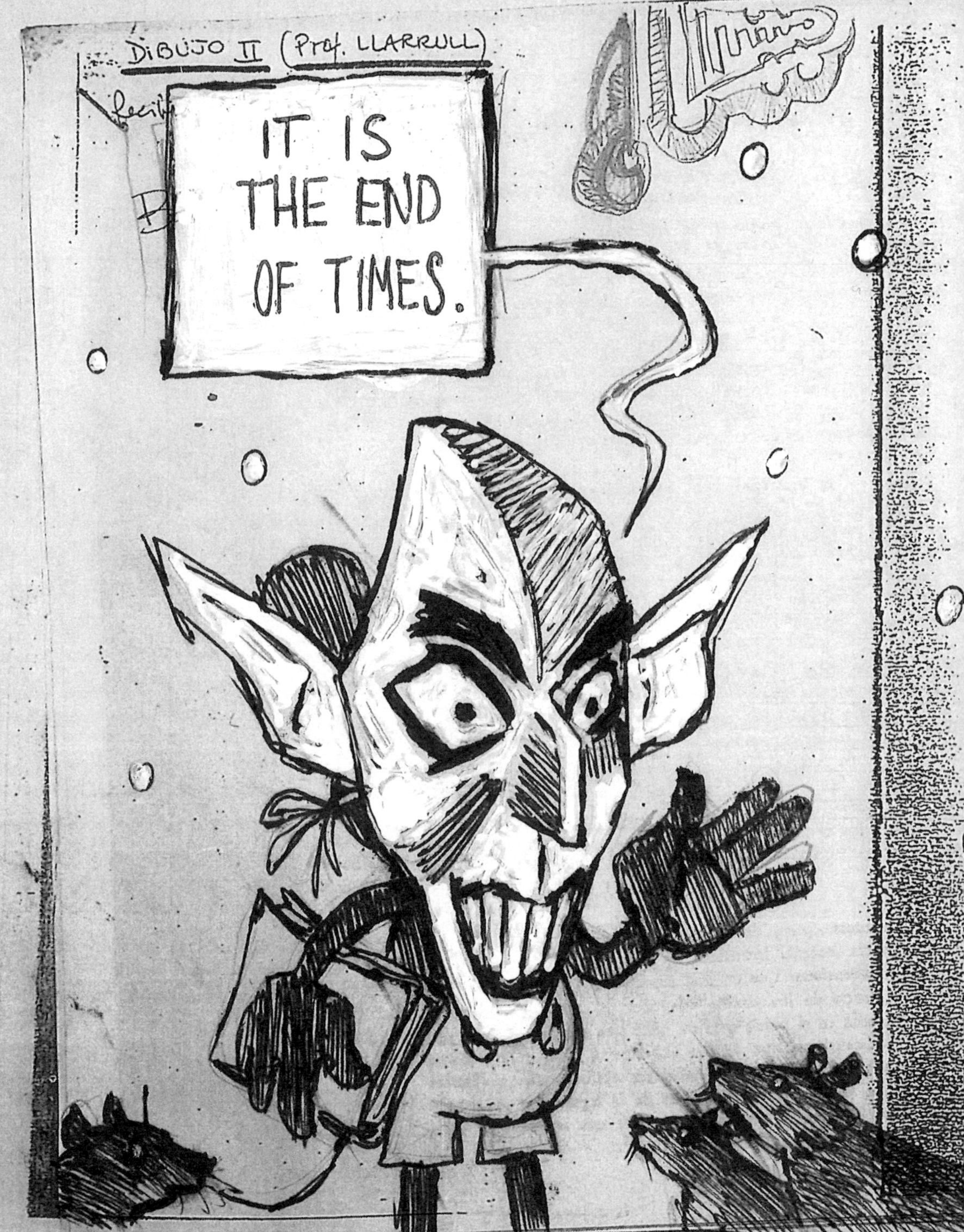
DIBUJO II (Prof. LLARRULL)
IT IS
THE END
OF TIMES.

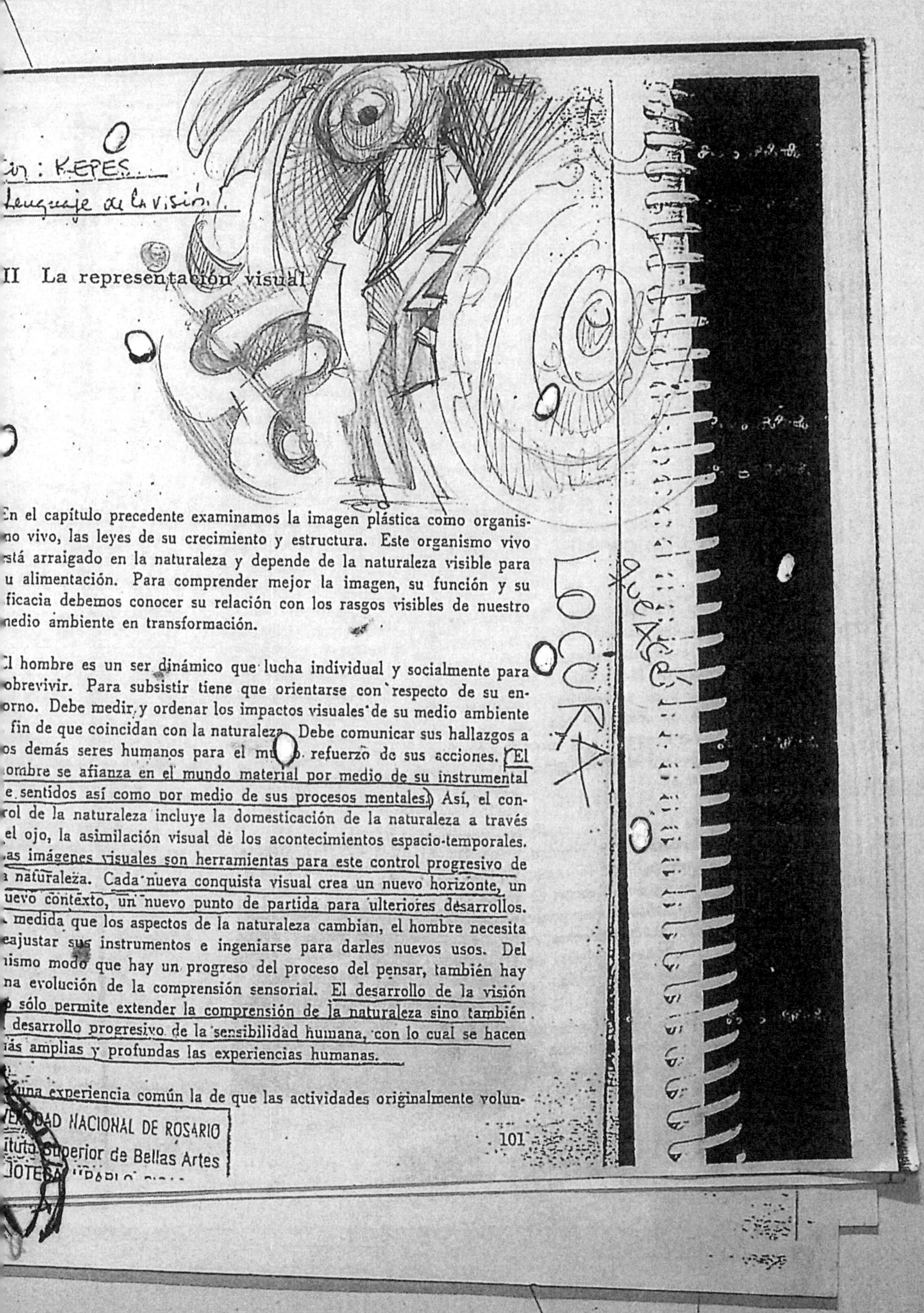

II La representación visual

En el capítulo precedente examinamos la imagen plástica como organismo vivo, las leyes de su crecimiento y estructura. Este organismo vivo está arraigado en la naturaleza y depende de la naturaleza visible para su alimentación. Para comprender mejor la imagen, su función y su eficacia debemos conocer su relación con los rasgos visibles de nuestro medio ambiente en transformación.

El hombre es un ser dinámico que lucha individual y socialmente para sobrevivir. Para subsistir tiene que orientarse con respecto de su entorno. Debe medir y ordenar los impactos visuales de su medio ambiente a fin de que coincidan con la naturaleza. Debe comunicar sus hallazgos a los demás seres humanos para el mutuo refuerzo de sus acciones. El hombre se afianza en el mundo material por medio de su instrumental de sentidos así como por medio de sus procesos mentales. Así, el control de la naturaleza incluye la domesticación de la naturaleza a través del ojo, la asimilación visual de los acontecimientos espacio-temporales. Las imágenes visuales son herramientas para este control progresivo de la naturaleza. Cada nueva conquista visual crea un nuevo horizonte, un nuevo contexto, un nuevo punto de partida para ulteriores desarrollos. A medida que los aspectos de la naturaleza cambian, el hombre necesita reajustar sus instrumentos e ingeniarse para darles nuevos usos. Del mismo modo que hay un progreso del proceso del pensar, también hay una evolución de la comprensión sensorial. El desarrollo de la visión no sólo permite extender la comprensión de la naturaleza sino también el desarrollo progresivo de la sensibilidad humana, con lo cual se hacen más amplias y profundas las experiencias humanas.

Es una experiencia común la de que las actividades originalmente volun-

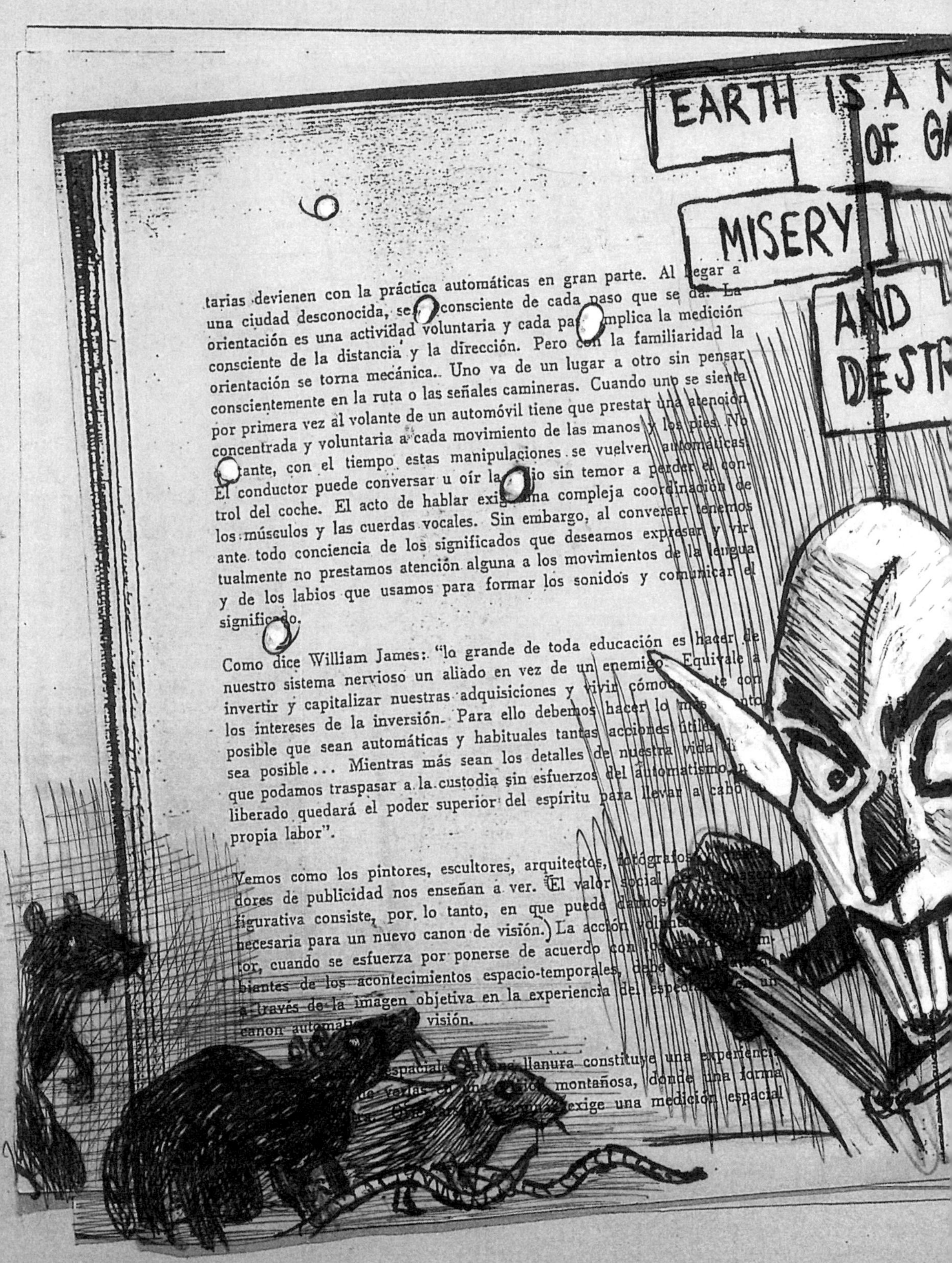

...tarias devienen con la práctica automáticas en gran parte. Al llegar a
una ciudad desconocida, se es consciente de cada paso que se da. La
orientación es una actividad voluntaria y cada paso implica la medición
consciente de la distancia y la dirección. Pero con la familiaridad la
orientación se torna mecánica. Uno va de un lugar a otro sin pensar
conscientemente en la ruta o las señales camineras. Cuando uno se sienta
por primera vez al volante de un automóvil tiene que prestar una atención
concentrada y voluntaria a cada movimiento de las manos y los pies. No
obstante, con el tiempo estas manipulaciones se vuelven automáticas.
El conductor puede conversar u oír la radio sin temor a perder el control del coche. El acto de hablar exige una compleja coordinación de
los músculos y las cuerdas vocales. Sin embargo, al conversar tenemos
ante todo conciencia de los significados que deseamos expresar y vir-
tualmente no prestamos atención alguna a los movimientos de la lengua
y de los labios que usamos para formar los sonidos y comunicar el
significado.

Como dice William James: "lo grande de toda educación es hacer de
nuestro sistema nervioso un aliado en vez de un enemigo. Equivale a
invertir y capitalizar nuestras adquisiciones y vivir cómodamente con
los intereses de la inversión. Para ello debemos hacer lo más pronto
posible que sean automáticas y habituales tantas acciones útiles como
sea posible... Mientras más sean los detalles de nuestra vida que
que podamos traspasar a la custodia sin esfuerzos del automatismo,
liberado quedará el poder superior del espíritu para llevar a cabo su
propia labor".

Vemos cómo los pintores, escultores, arquitectos, fotógrafos, crea-
dores de publicidad nos enseñan a ver. (El valor social de la figura
figurativa consiste, por lo tanto, en que puede darnos la experiencia
necesaria para un nuevo canon de visión.) La acción voluntaria del pintor, cuando se esfuerza por ponerse de acuerdo con los aspectos cam-
biantes de los acontecimientos espacio-temporales, debe expresarse
a través de la imagen objetiva en la experiencia del espectador, un
canon automático de visión.

... espaciales de una llanura constituye una experiencia
... de varias en una región montañosa, donde una forma
... exige una medición espacial

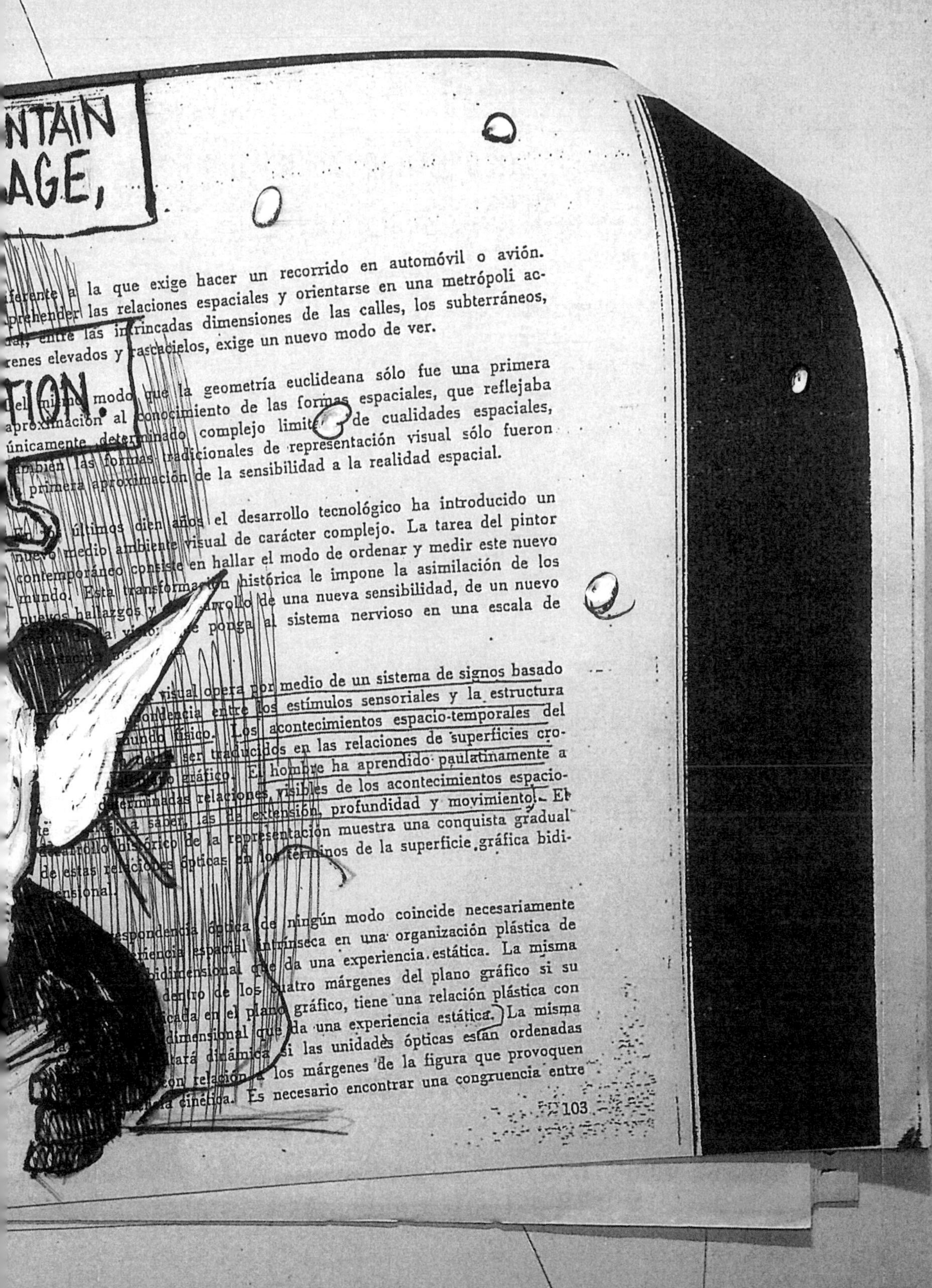

...ferente a la que exige hacer un recorrido en automóvil o avión.
...prehender las relaciones espaciales y orientarse en una metrópoli ac-
...dal, entre las intrincadas dimensiones de las calles, los subterráneos,
...renes elevados y rascacielos, exige un nuevo modo de ver.

Del mismo modo que la geometría euclideana sólo fue una primera
aproximación al conocimiento de las formas espaciales, que reflejaba
únicamente determinado complejo limitado de cualidades espaciales,
también las formas tradicionales de representación visual sólo fueron
una primera aproximación de la sensibilidad a la realidad espacial.

En los últimos cien años el desarrollo tecnológico ha introducido un
nuevo medio ambiente visual de carácter complejo. La tarea del pintor
contemporáneo consiste en hallar el modo de ordenar y medir este nuevo
mundo. Esta transformación histórica le impone la asimilación de los
nuevos hallazgos y el desarrollo de una nueva sensibilidad, de un nuevo
... de la visión que ponga al sistema nervioso en una escala de
...

... visual opera por medio de un sistema de signos basado
...pondencia entre los estímulos sensoriales y la estructura
...mundo físico. Los acontecimientos espacio-temporales del
...deben ser traducidos en las relaciones de superficies cro-
...gráfico. El hombre ha aprendido paulatinamente a
...determinadas relaciones visibles de los acontecimientos espacio-
...a saber, las de extensión, profundidad y movimiento. El
...histórico de la representación muestra una conquista gradual
...de estas relaciones ópticas en los términos de la superficie gráfica bidi-
...mensional.

...pondencia óptica de ningún modo coincide necesariamente
...riencia espacial intrínseca en una organización plástica de
...bidimensional que da una experiencia estática. La misma
...dentro de los cuatro márgenes del plano gráfico si su
...cada en el plano gráfico, tiene una relación plástica con
...dimensional que da una experiencia estática. La misma
...tará dinámica si las unidades ópticas están ordenadas
...con relación a los márgenes de la figura que provoquen
...la cinética. Es necesario encontrar una congruencia entre

103

The last five humans, POISONED BY DEATH,

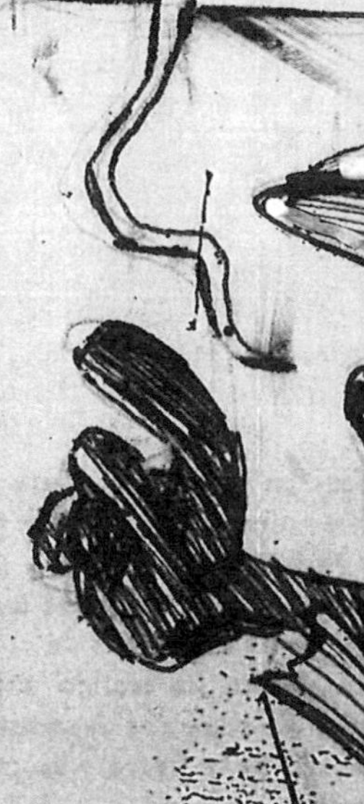

estos dos contextos, a saber, las relaciones observadas en el mundo espacial concreto y la naturaleza espacial del plano gráfico bidimensional. Una representación visual de la naturaleza sólo puede tener vitalidad en la experiencia humana si se convierte en una forma natural mediante el logro de una calidad orgánica de unidad plástica.

La meta es una representación visual en que el conocimiento más avanzado del espacio está sincronizado con la naturaleza de la experiencia plástica. El espacio-tiempo es el orden y la imagen es un "ordenador". Sólo la integración de estos dos aspectos del orden puede hacer del lenguaje de la visión lo que debe ser, esto es, un arma decisiva del progreso.

La representación visual tiene tres tendencias paralelas. La primera es la tendencia a aproximar en una relación bidimensional la totalidad de la experiencia espacial. Se trata de una síntesis que comprende no sólo lo que se ve sino también lo que se sabe sobre lo que se ve. Si uno sabe que un hombre tiene dos piernas, las dibujará a las dos, por más que sólo se vea una desde el ángulo adoptado. Si uno sabe que un plato es de forma circular y tiene un color característico, se representará a ese plato en su forma visual característica, por más que desde el ángulo de visión adoptado parezca elíptico y su color esté cambiado por la iluminación variable. Se muestran las características conceptuales de las unidades espaciales y no las características ópticas aparentes. La segunda tendencia es aquella hacia la fijación gráfica más exacta de los objetos proyectados sobre la retina. El artista trata de poner en una superficie chata un aspecto óptico aparente del mundo espacial móvil. La tercera tendencia es aquella hacia la representación del contenido del deseo y la voluntad. La selección y distribución de los elementos representativos está inspirada por la ambición artística de aliviar las tendencias emocionales mediante la materialización de los objetivos de sus deseos en las formas simbólicas de representación.

La historia de la representación visual muestra que la atención ha ido pasando de uno a otro de estos componentes. La imagen figurativa nunca es idéntica a la realidad espacial sino que se aproxima a ella de conformidad con los cánones imperantes de interés y conocimiento. Uno no ve todos los aspectos de las cosas y los acontecimientos visibles sino que escoge y distribuye los estímulos visuales conforme a la actitud que

104

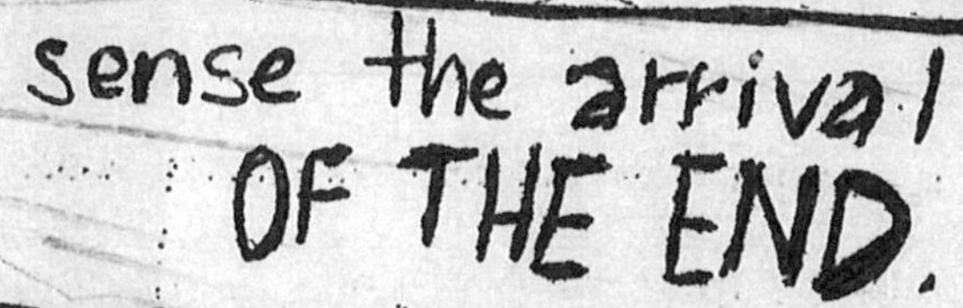

se tem... hacia esas cosas. En la misma medida que cambian el conocimiento del medio ambiente y los hábitos y actitudes hacia éste, también cambian los hábitos visuales de representación.

Una revaluación de los giros figurativos sólo se produce cuando los elementos nuevos que invaden el campo ambiental tienen bastante importancia como para llamar la atención y cuando no existen tradiciones que modelen los hábitos visuales frente a ellos. Los cambios científicos y tecnológicos recientes reclaman esta revaluación. Las nuevas experiencias científicas, tecnológicas y sociales no caben en el antiguo marco. En tanto que nuestro concepto de la realidad se ahonda y nuestro conocimiento del espacio se extiende, se hace inevitable una revaluación fundamental de las formas tradicionales de representación. Hay que volver a poner en prueba los giros de la representación del espacio e integrarlo con el lenguaje estático de la superficie gráfica. He aquí

EXERCISE ...RING ...STENCE.

En las secciones siguientes se pasa revista a los idiomas heredados para la representación visual y se los justifica en términos de hoy.

La unidad aislada

La forma más estrecha de captación espacial es la percepción de la unidad aislada. Y la forma más sencilla de rep... solo elemento espacial.

...hombre primi... capacidad de comprensión del ...pacio ... a ca... ...ancia se reducía a su propia vida espacio-temporal, sin relación con el pasado o el futuro y sin conexiones espaciales más vastas. Escasas o nulas eran las necesidades que sentía de comparar y medir. Su representación visual se limitaba, en su mayor parte, a unidades espaciales aisladas. La captación visual de las figuras que representaba no estaba ligada a la comprensión del espacio circundante. Poco interés tenía en los fondos, en el peso, en el arriba y el abajo. Cada elemento vivía su propia vida con completa independencia espacial. Las figuras representadas sólo eran transitorias en la superficie plástica. La figura y el fondo no estaban en una interdependencia orgánica. Este carácter ilimitado de la superficie gráfica, la ausencia de un contexto espacial, puede explicar el hecho de que los artistas prehistóricos a menudo superpusieran nuevas pinturas a las obras de sus predecesores. Los dibujos de los niños revelan una actitud análoga. Los elementos espaciales no se aprehenden aún en sus interrelaciones. Carecen de un contexto o marco unificado. Como no existe un fondo espacial coherente al que puedan relacionarse los elementos, los dibujos en un plano gráfico sólo tienen una organización accidental. Los niños dibujan hasta que la figura llega a los límites del papel. Entonces dan vuelta la hoja y llenan el espacio libre.

Relación de tamaño

Estamos acostumbrados a atribuir énfasis espacial —es decir, la característica de llenar más espacio— a una proyección retiniana más grande. Por consiguiente, el tamaño deviene el enunciado más simple relativo al espacio, el primer paso en la organización del mundo espacial.

En las formas primitivas de representación visual el espacio está indicado por la extensión de las áreas de color sobre la superficie gráfica. En las imágenes arcaicas, la jerarquía del tamaño está íntimamente vinculada a la jerarquía del poder y de la importancia. Así, la escala espacial tenía una importancia estructural con valores. Las utilizaban únicamente un signo

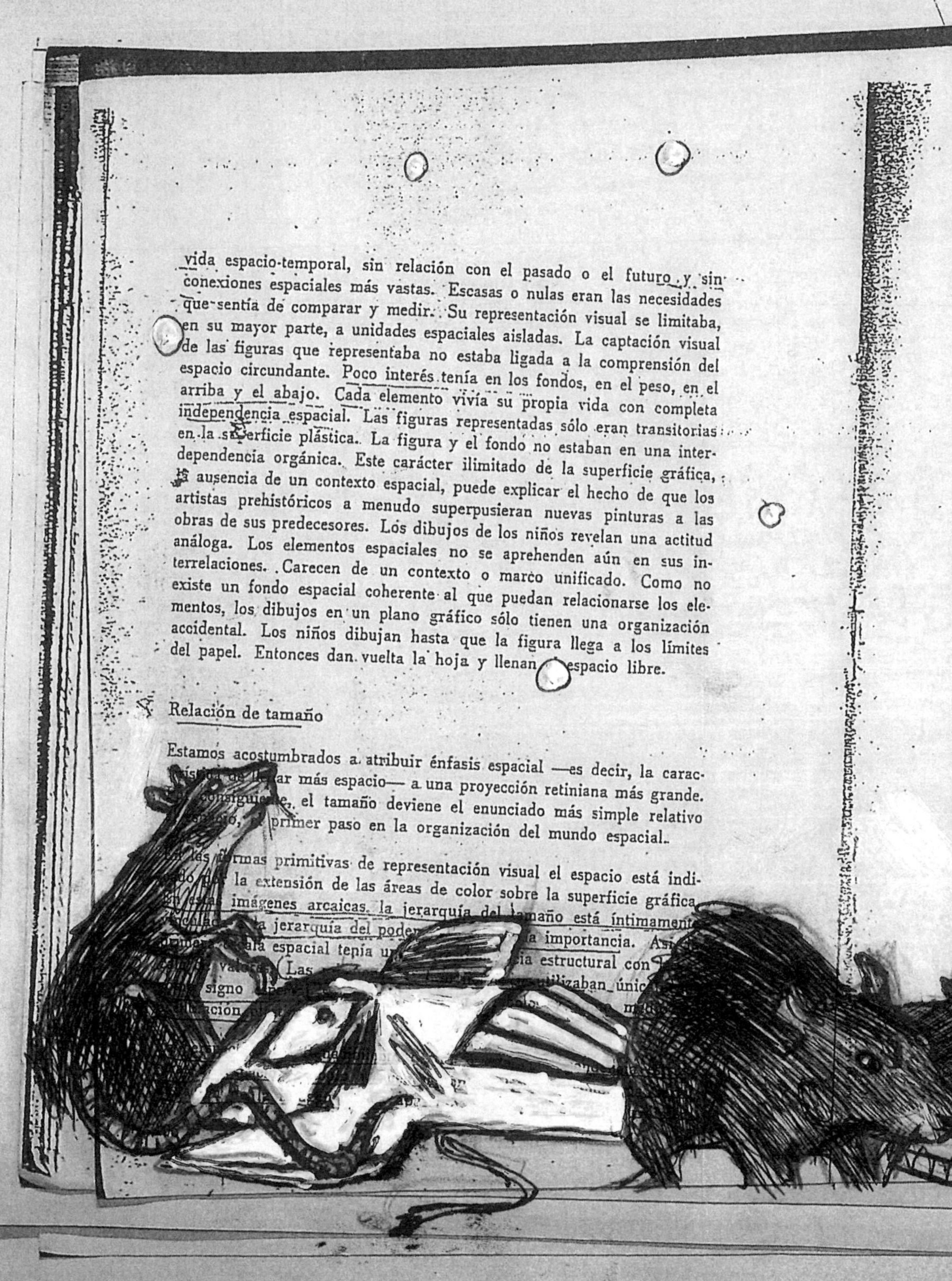

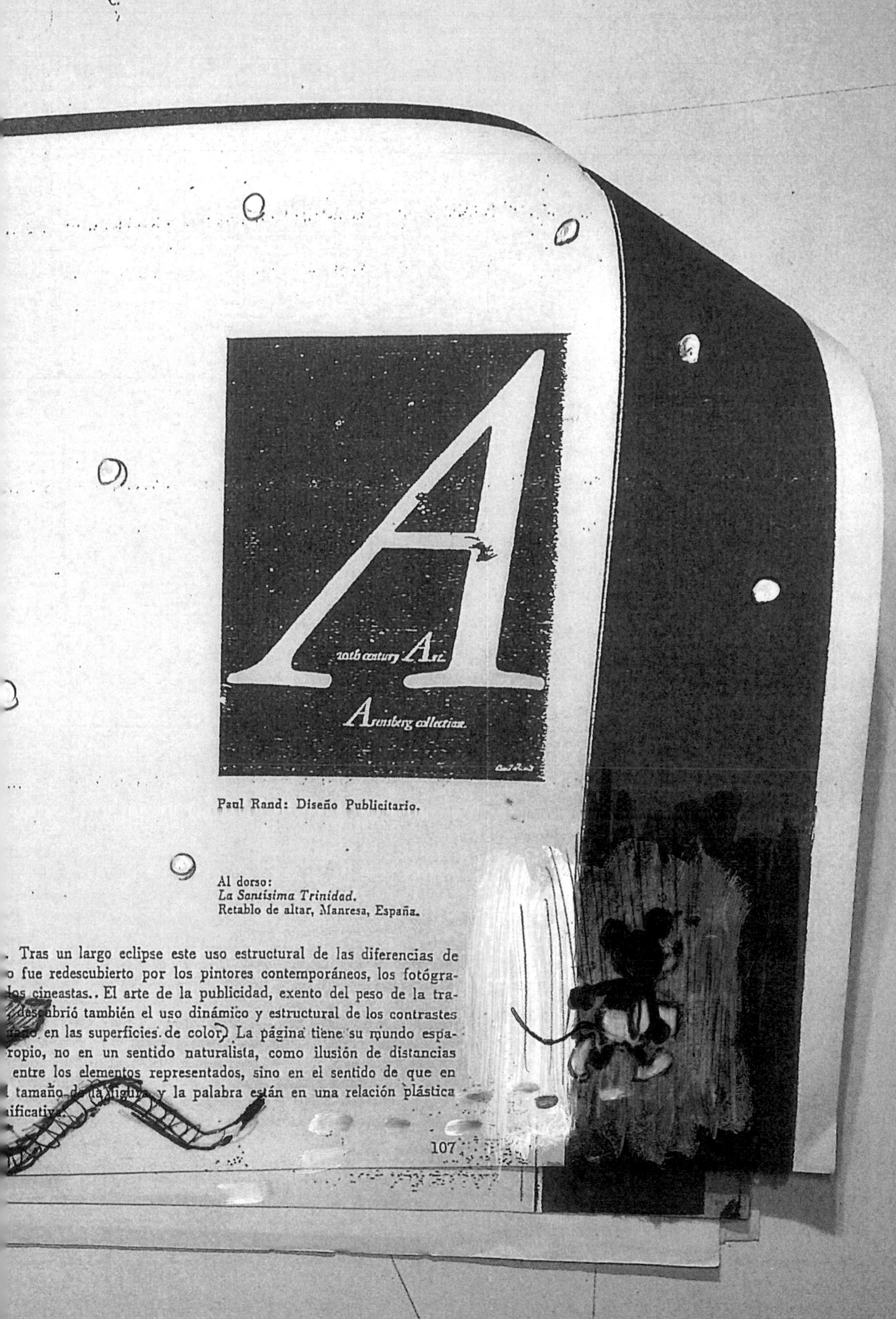

Paul Rand: Diseño Publicitario.

Al dorso:
La Santísima Trinidad.
Retablo de altar, Manresa, España.

. Tras un largo eclipse este uso estructural de las diferencias de
o fue redescubierto por los pintores contemporáneos, los fotógra-
los cineastas.. El arte de la publicidad, exento del peso de la tra-
descubrió también el uso dinámico y estructural de los contrastes
ano en las superficies de color) La página tiene su mundo espa-
ropio, no en un sentido naturalista, como ilusión de distancias
entre los elementos representados, sino en el sentido de que en
l tamaño de la figura y la palabra están en una relación plástica
ificativ.

107

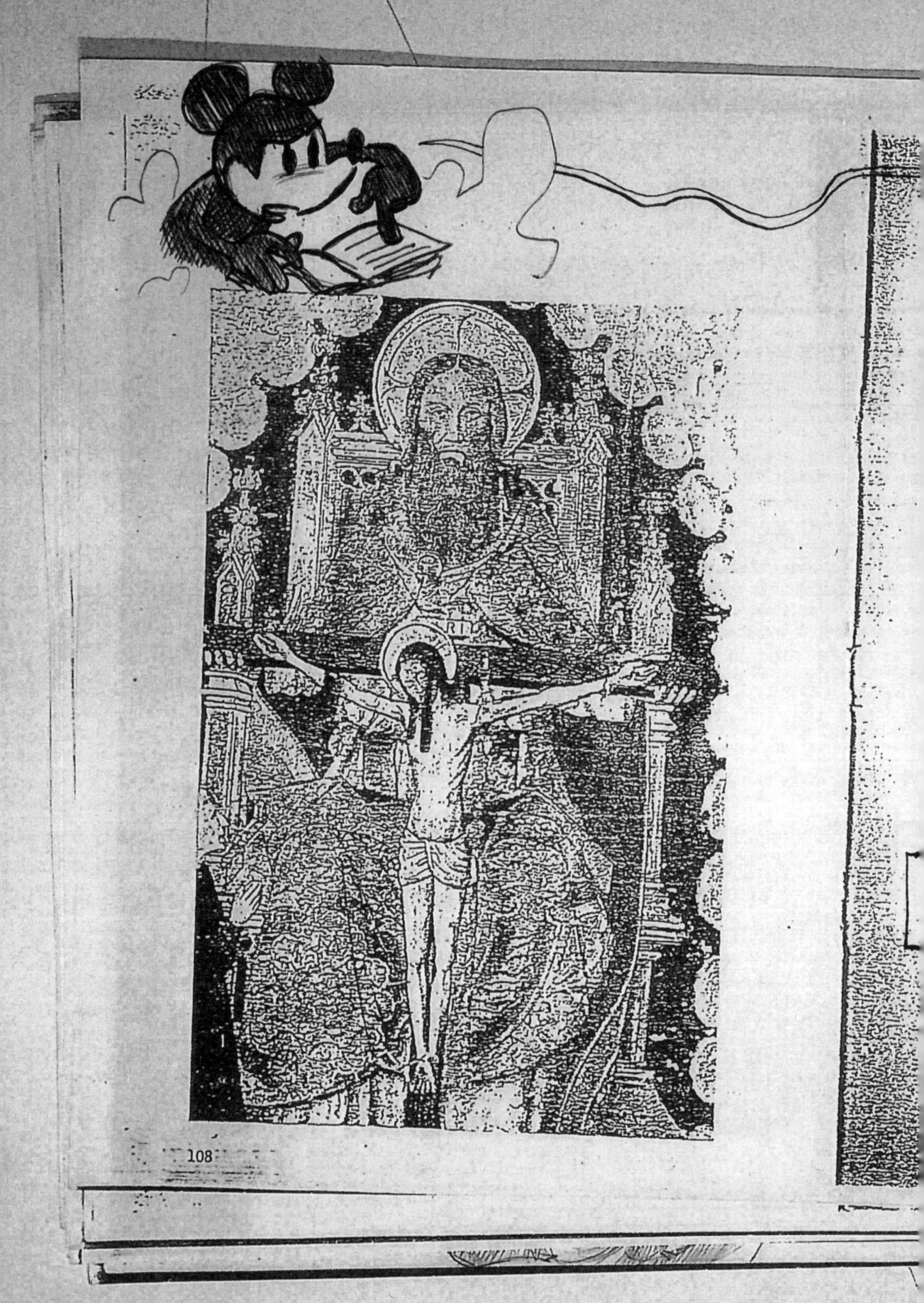

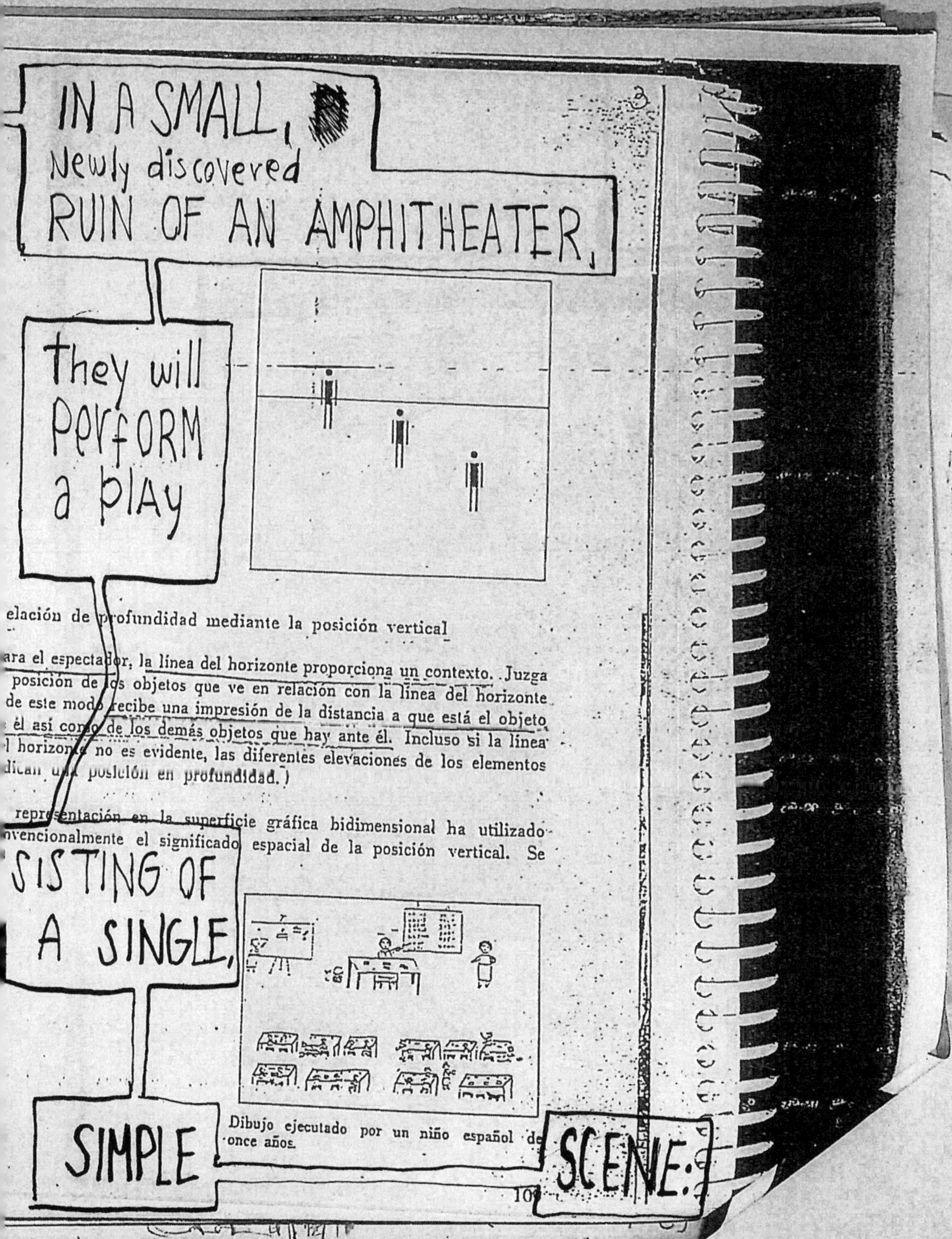

relación de profundidad mediante la posición vertical

ara el espectador, la línea del horizonte proporciona un contexto. Juzga
posición de los objetos que ve en relación con la línea del horizonte
de este modo recibe una impresión de la distancia a que está el objeto
él así como de los demás objetos que hay ante él. Incluso si la línea
l horizonte no es evidente, las diferentes elevaciones de los elementos
dican una posición en profundidad.)

representación en la superficie gráfica bidimensional ha utilizado
vencionalmente el significado espacial de la posición vertical. Se

Dibujo ejecutado por un niño español de once años.

10

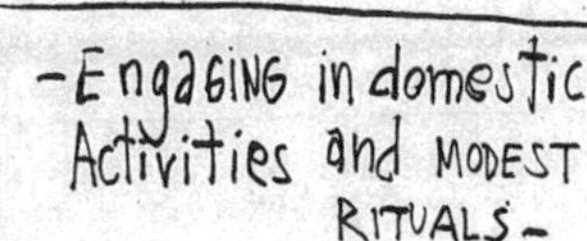

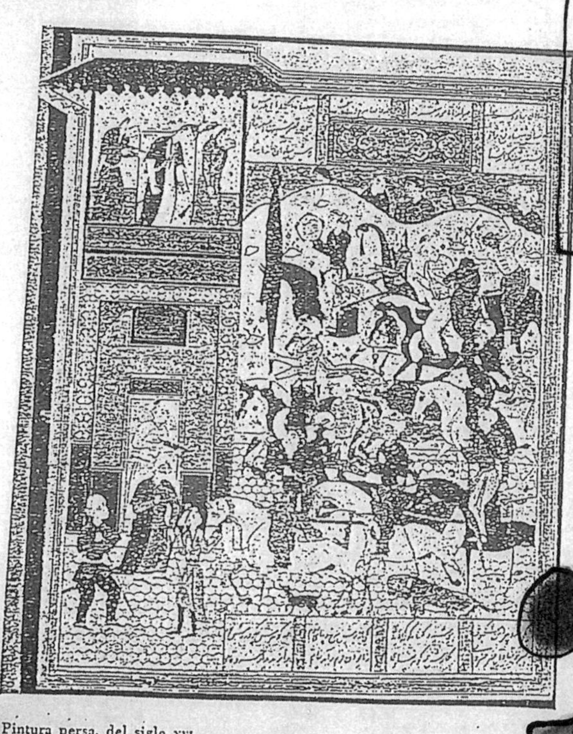

Pintura persa, del siglo XVI.
Museum of Fine Arts, Boston.

mantenía como contexto la línea de horizonte visible o latente. Se ha identificado el plano gráfico con el plano horizontal y convencionalmente se lo ha fijado en éste. (El extremo inferior del plano gráfico ha representado el punto visual más próximo) en consecuencia, (el grado de elevación de las unidades visuales indicaba posiciones espaciales de retroceso.)

Las innovaciones tecnológicas han determinado una revaluación fundamental de la posición vertical como signo de profundidad. En este aspecto los factores más importantes han sido la vista a vuelo de pájaro y al ras del suelo en las fotografías y una nueva visión en la observación aérea. Para el piloto de avión, lo mismo que para el fotógrafo, la línea del horizonte cambia constantemente y en consecuencia pierde su validez absoluta. Ya no es inevitable que la comprensión visual de los objetos y sus relaciones espaciales se base en un contexto que tiene una constante: el horizonte fijo, visible o latente.

Así liberados, los signos de representación espacial pueden actuar como fuerzas plásticas. El orden del espacio real y el espacio del plano gráfico están en estrecha armonía.

J. T. Mitchell: Fotografía Aérea.

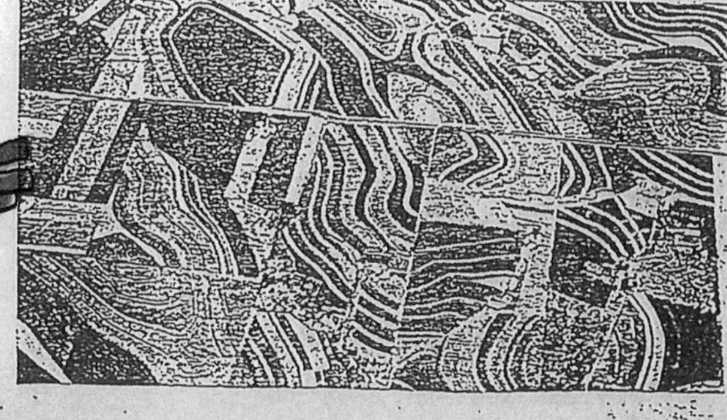

111

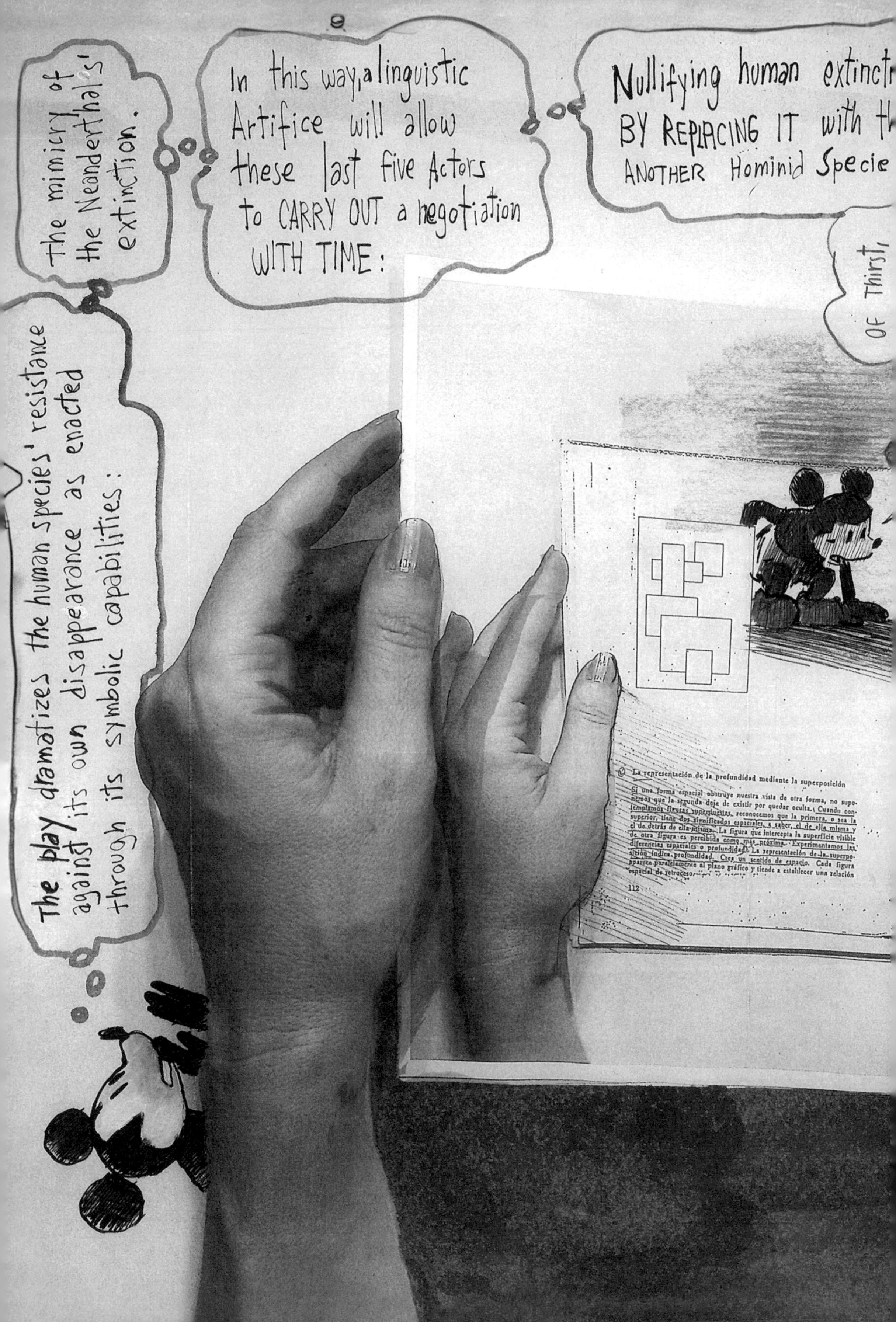

the mimicry of the Neanderthals' extinction.
In this way, a linguistic Artifice will allow these last five Actors to CARRY OUT a negotiation WITH TIME:
Nullifying human extinct[ion] BY REPLACING IT with t[he] ANOTHER Hominid Specie[s]
OF Thirst,
The play dramatizes the human species' resistance against its own disappearance as enacted through its symbolic capabilities:
La representación de la profundidad mediante la superposición
Si una forma espacial obstruye nuestra vista de otra forma, no suponemos que la segunda deje de existir por quedar oculta. Cuando contemplamos figuras superpuestas, reconocemos que la primera, o sea la superior, tiene dos significados espaciales, a saber, el de ella misma y el de detrás de ella misma. La figura que intercepta la superficie visible de otra figura es percibida como más próxima. Experimentamos las diferencias espaciales o profundidad. La representación de la superposición indica profundidad. Crea un sentido de espacio. Cada figura aparece paralelamente al plano gráfico y tiende a establecer una relación espacial de retroceso.
112

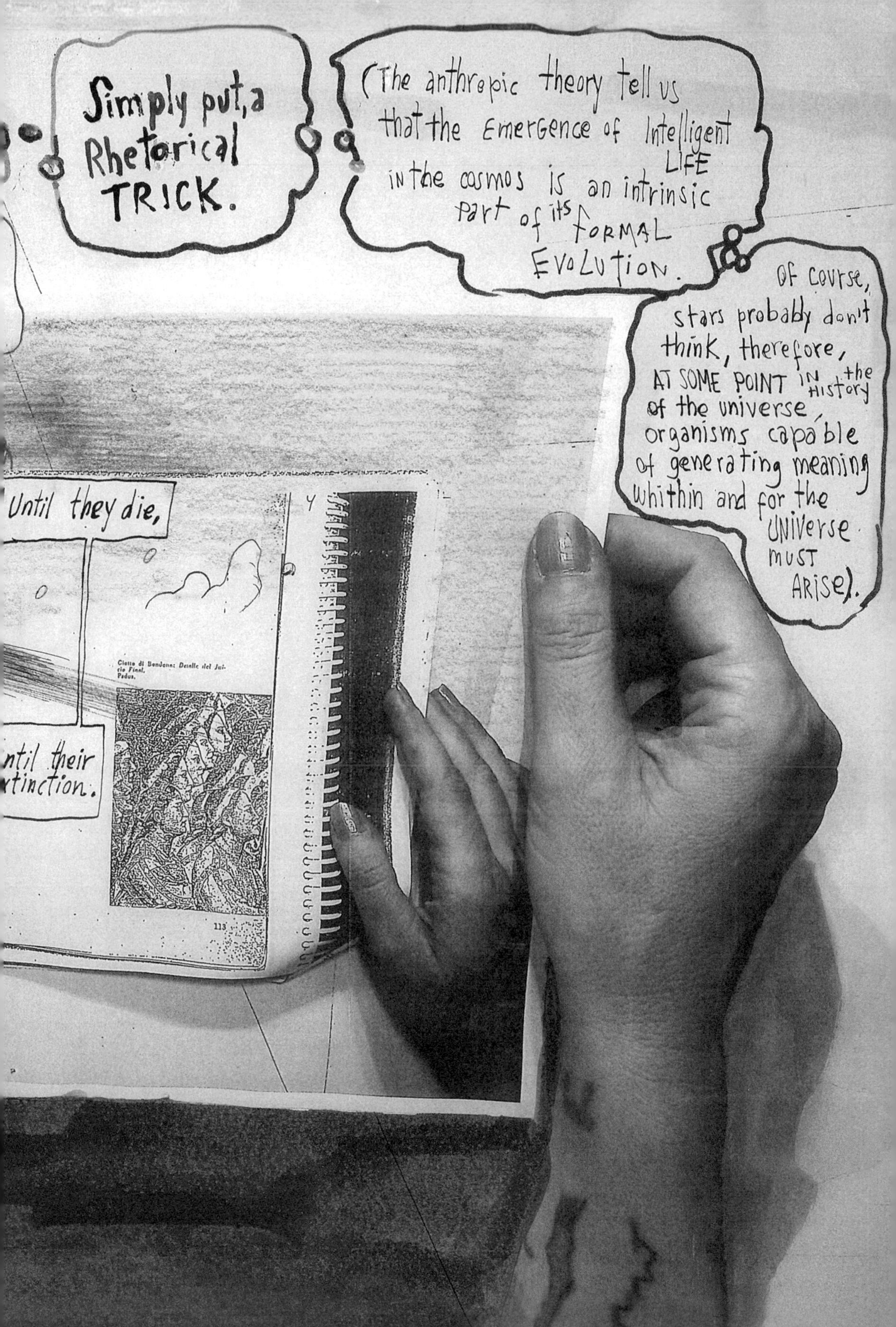

Simply put, a Rhetorical TRICK.
(The anthropic theory tell us that the Emergence of Intelligent LIFE in the cosmos is an intrinsic part of its FORMAL EVOLUTION.
Of course, stars probably don't think, therefore, AT SOME POINT IN the history of the universe, organisms capable of generating meaning whithin and for the UNIVERSE MUST ARISE).
Until they die,
Until their extinction.
Giotto di Bondone: Detalle del Juicio Final. Padua.
113

Transparencia e interpenetración

Si uno ve dos o más figuras superpuestas parcialmente reclamando cada una de ellas para sí la parte común superpuesta, entonces se encuentra uno entre una contradicción de dimensiones espaciales. Para resolver esta contradicción es necesario suponer la presencia de una nueva cualidad óptica. Las figuras están dotadas de transparencia; es decir, son capaces de interpenetrarse sin que se produzca entre sí una destrucción óptica. No obstante, la transparencia implica algo más que una característica óptica; implica un orden espacial más vasto. La transparencia representa una percepción simultánea de diferentes posiciones espaciales. El espacio no sólo retrocede sino que fluctúa en continua actividad. La posición de las figuras transparentes tiene un significado equívoco puesto que a cada figura se la ve ya como la más próxima, ya como la más alejada.

La orden de nuestra época es la de reunir el conocimiento científico y técnico adquirido, en un todo integrado en el plano biológico y social. En la actualidad no hay, prácticamente, aspectos del esfuerzo humano en que el concepto de interpenetración como recurso para la integración no esté en foco. La tecnología, la filosofía, la psicología y la ciencia física lo utilizan hoy como principio orientador. Y otro tanto ocurre con la literatura, la pintura, la arquitectura, el cine, la fotografía y la escenografía. Por otra parte, se trata de un lugar común de la técnica en nuestra vida cotidiana. De esto, el ejemplo más evidente lo proporcionan las ondas de la radio.

La arquitectura contemporánea aprovecha la cualidad de transparencia de los materiales sintéticos, los vidrios, los plásticos, etc., para crear un diseño que integre el mayor número posible de perspectivas espaciales. El interior y el exterior están en estrecha relación, y cada punto de vista en el edificio brinda la más vasta captación posible del espacio. Reflejos y espejos, materiales de construcción transparentes y translúcidos son calculados y organizados con esmero para concentrar perspectivas espaciales divergentes en una sola captación visual.

El control técnico de las fuentes lumínicas artificiales, la proyección de imágenes mediante la luz, ha contribuido también a la revaluación de la superposición y a la introducción del recurso figurativo de la transparencia. Los rayos de luz que cubren una imagen pueden interpenetrarse,

114

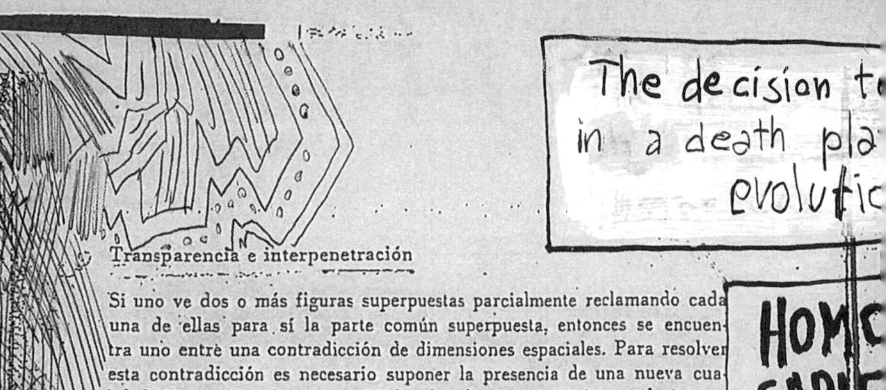

up to the present moment, the oldest remains of Homo sapiens (the hominid species most directly linked to modern humans in terms of physical characteristics, behavior, and cognitive abilities)

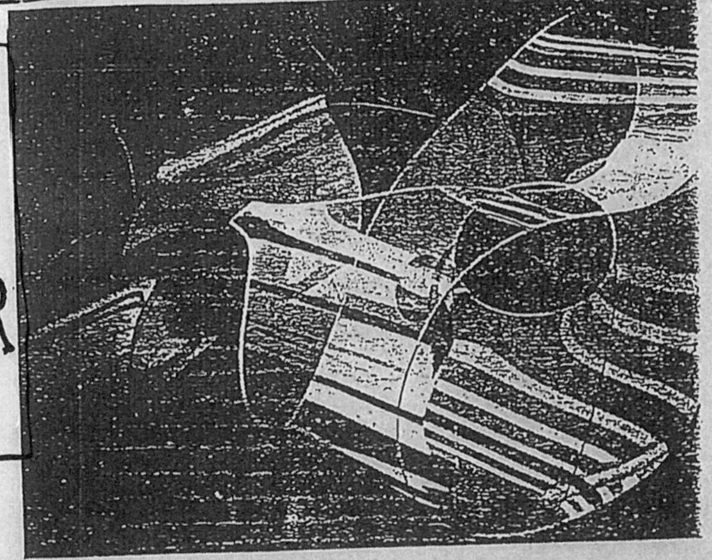

Hua Li: *Transparencia*.
...mo de Diseño Visual. M.I.T.

"Las bolas de billar en movimiento no pueden pasar a través unas de otras: el encuentro significa un desplazamiento. Pero las ondas que se mueven a partir de diferentes centros (como en la superficie de un estanque) pueden pasar, en cambio, unas a través de otras sin que se produzca conflicto alguno, sumándose entre sí a medida que pasan. Por lo común dos gases liberados en el mismo espacio cerrado se difundirán el uno a través del otro hasta que cada uno llene todo el espacio. En el mundo físico se dan muchas muestras de interpenetración. ¿Es concebible que las expansiones políticas también puedan penetrarse entre sí como ondas, en vez de chocar como bolas de billar?" (Fragmento de *America's World Purpose*, por William Ernest Hocking.)

115

Both species represent the two evolutionary lines, contemporaneous with each other, immediately preceding the cognitive revolution that led to the emergence of humans.

HEIDEGGER DEFINED MODERNITY As the era of the "FORGETTING of Being and the conquest" of beings,"

CHARACTERIZING IT'S HISTORICAL social formation as "techno-capitalis m"

The history of the technical appropriation of "NATURE" can be traced back to early hominids such as HOMO HABILIS, who, approximately 2.5 millions years ago, inaugurated the PALEOLITHIC ERA

by striking two stones together, or the ground with a BONE,

thereby, experimenting with the manipulation and transformation of the given to orient it towards SURVIVAL.

A tur[n] of the situat[ion] sedent[ary]

Picasso: Retrato de Kahnweiler.

116

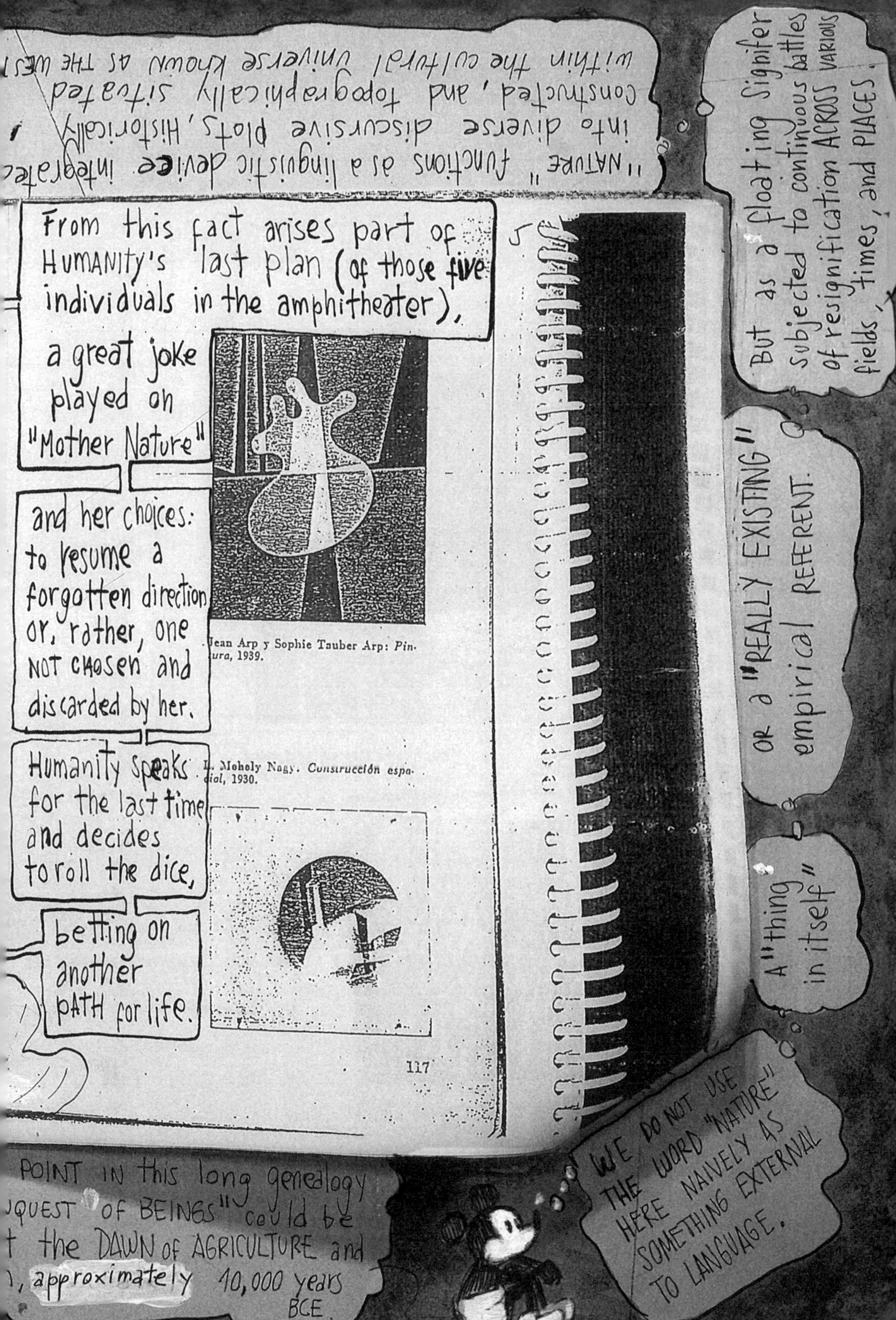
"NATURE" functions as a linguistic device integrated into diverse discursive plots, historically constructed, and topographically situated within the cultural universe known as the West

From this fact arises part of Humanity's last plan (of those five individuals in the amphitheater),

a great joke played on "Mother Nature"

and her choices: to resume a forgotten direction or, rather, one NOT chosen and discarded by her.

Humanity speaks for the last time and decides to roll the dice,

betting on another pATH for life.

Jean Arp y Sophie Tauber Arp: Pintura, 1939.

L. Moholy Nagy. Construcción espacial, 1930.

117

But as a floating Signifer subjected to continuous battles of resignification ACROSS various fields, times, and PLACES.

OR a "REALLY EXISTING" empirical REFERENT.

A "thing in itself"

WE DO NOT USE THE WORD "NATURE" HERE NAIVELY AS SOMETHING EXTERNAL TO LANGUAGE.

POINT IN this long genealogy QUEST OF BEINGS" could be the DAWN OF AGRICULTURE and approximately 10,000 years BCE

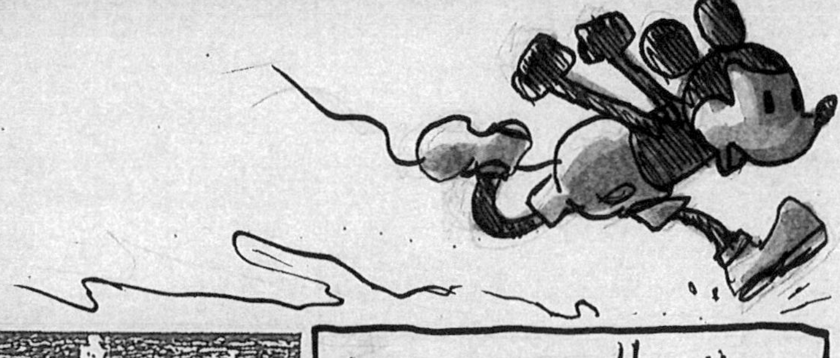

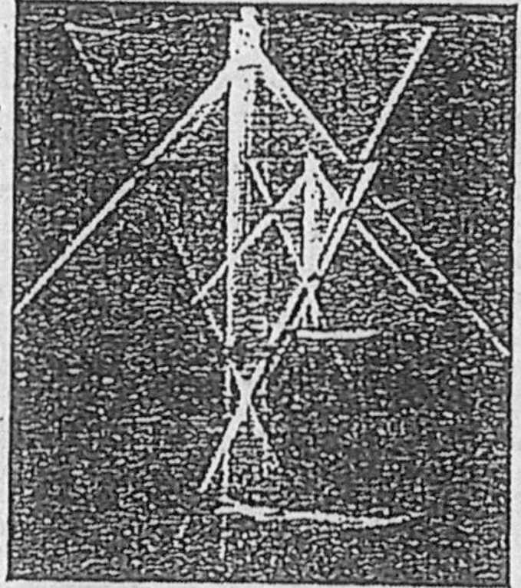

Frank Williams y Michael Flint: Fotografía.
Curso de Diseño Visual, M. I. T.

Richard Linde: *Sombras superpuestas.*

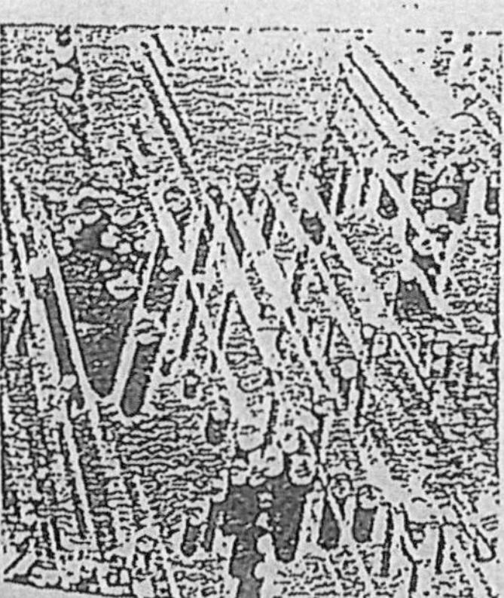

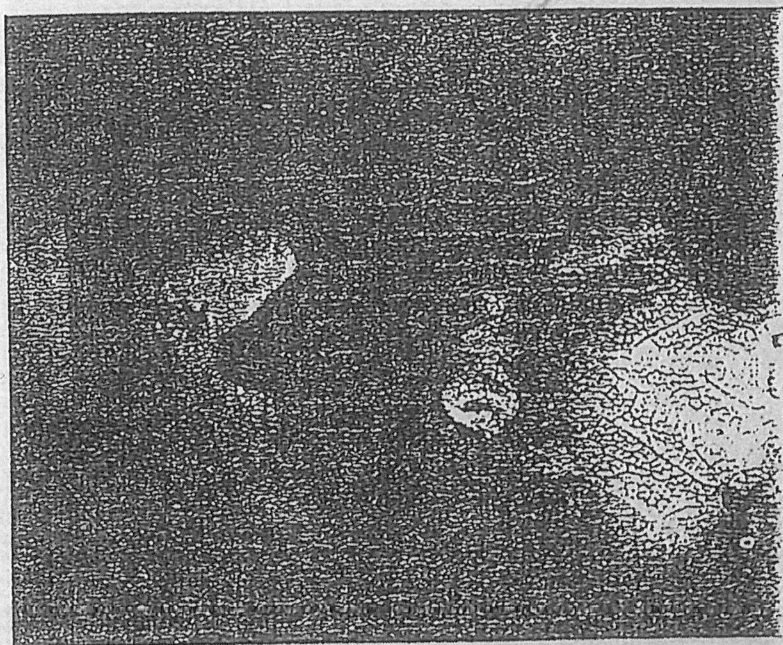

Jack Waldheim: Fotografía superpuesta, 1943.

la luz aumenta la luz, la sombra acentúa la sombra. El resultado es una mayor intensidad.

Sintomáticamente, la emulsión fotográfica puede registrar en una superficie gráfica dos o más imágenes superpuestas. El efecto resultante comprime dos o más aspectos espaciales y los moldea en un tipo más vasto de representación del espacio. La fotografía de rayos X abrió un nuevo aspecto del mundo visible. Cosas que hasta entonces estaban ocultas al ojo humano pudieron ser penetradas y vistas. Aquí la transparencia tiene un nuevo significado ya que la profundidad del objeto es evaluada también por su densidad óptica.

La técnica del proceso de impresión ofrece otra oportunidad para el control creativo de la transparencia. Una impresión superpuesta a otra condensará diversas dimensiones espaciales en un conjunto significativo.

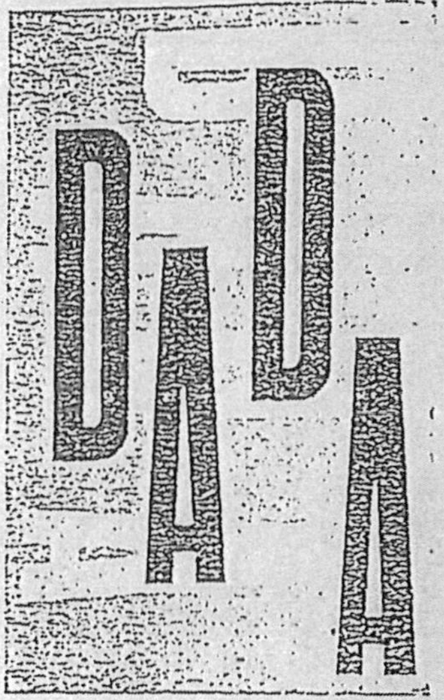

Paul Rand: Diseño de cubierta.

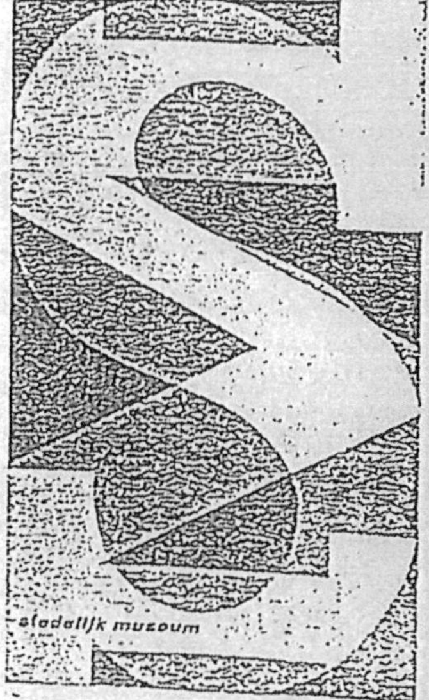

Carl Zahn: Cubierta para un catálogo, 1958.

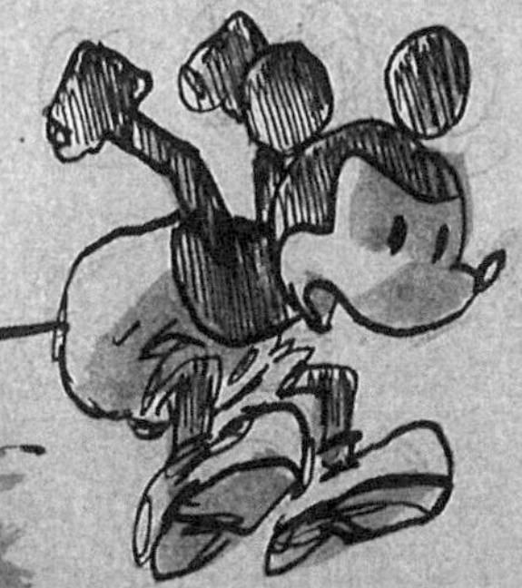

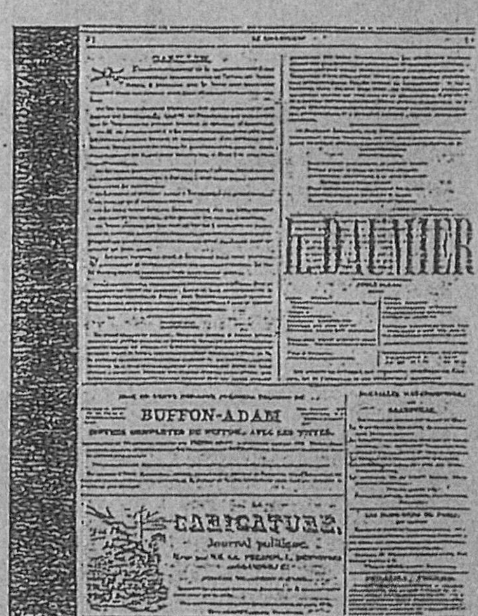

Carl Zahn: Cubierta para un catálogo, 1958.

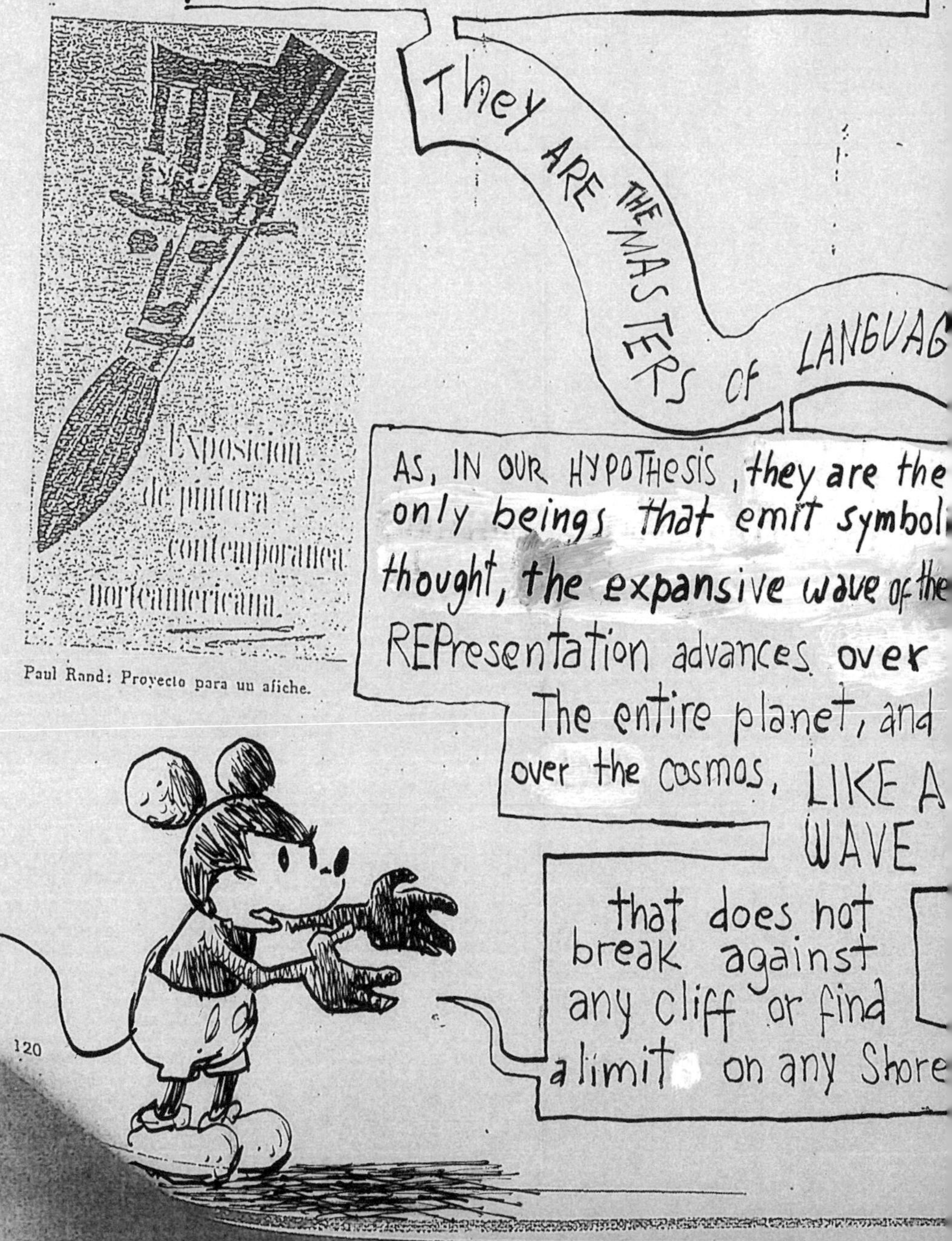

Paul Rand: Proyecto para un afiche.

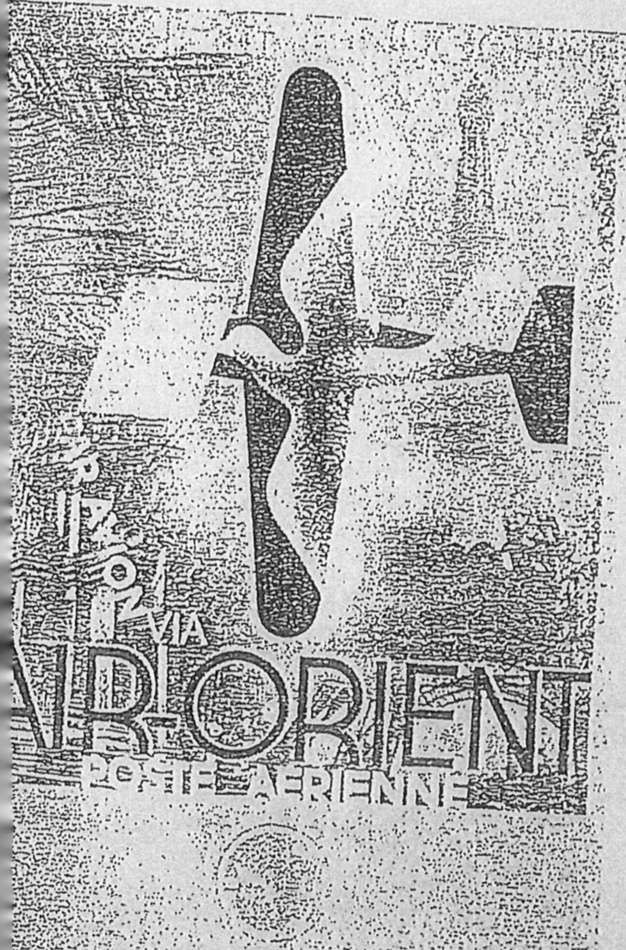

e: *Air Orient*, 1932.

121

La perspectiva lineal

La imagen retiniana de los objetos se encoge o dilata según estén los objetos más próximos o alejados del espectador. Helmholtz dice:

El mismo objeto visto a diferentes distancias será representado en la retina por imágenes de diferentes tamaños y subtenderá diferentes ángulos visuales. Mientras más alejado esté, menor será su tamaño aparente. Así, del mismo modo que los astrónomos pueden calcular las variaciones de las distancias del sol y la luna mediante los cambios en los tamaños aparentes de dichos cuerpos, también si se conoce el tamaño del objeto, por ejemplo un ser humano, podemos calcular a qué distancia de nosotros está por medio del ángulo visual subtendido o, lo que equivale a lo mismo, por medio del tamaño de la imagen en la retina.

El uso de esta relación geométrica fue reintroducido por los pintores del Renacimiento como el principal recurso para representar las relaciones espaciales. El objetivo artístico que perseguían era el dominio óptico-científico de la naturaleza. Condicionados por las aspiraciones y concepciones del Renacimiento, procuraron alcanzarlo paso a paso enfocando siempre un aspecto determinado, un sector recortado en la ilimitada riqueza de la naturaleza circundante. Como el anatomista —otro precursor del mismo espíritu, el cual hizo su conquista del conocimiento mediante la eliminación de los aspectos vivos y en acción del cuerpo—, el artista conquistista de la imagen visual eliminó el flujo

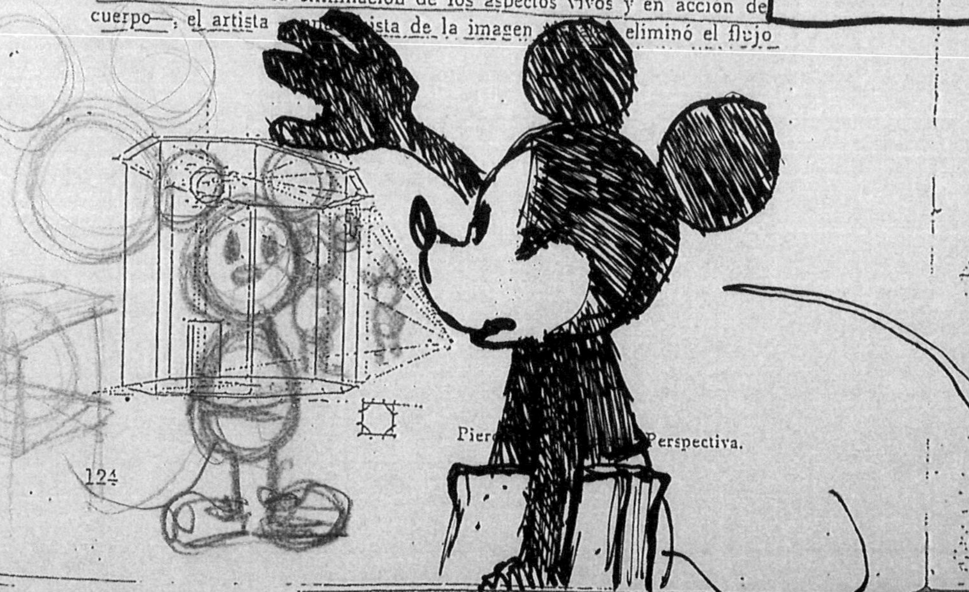

Piero... Perspectiva.

124

de las innúmeras relaciones visuales que el mundo visible tenía para el espectador. Petrificó la riqueza viva y fluyente del campo visual en un sistema geométrico estático, eliminando el elemento temporal, siempre presente en el espacio experimentado y destruyendo así las relaciones dinámicas en la experiencia del espectador.

Perspectiva invertida

De acuerdo con los antiguos cánones chinos, los pintores chinos y japoneses asignan a la perspectiva lineal una función diametralmente opuesta a la que le dieron los pintores occidentales. En su sistema, las líneas paralelas convergen a medida que se acercan al espectador. Abren el espacio en vez de cerrarlo. El espacio gráfico no es un diagrama óptico-científico de las posiciones aparentes de los objetos sino un medio de experiencia, un panorama bidimensional activo para el espectador que vive la imagen. El mismo enfoque fue aprovechado en muchas pinturas europeas primitivas. La perspectiva lineal dio una formulación unificada del espacio, pero redujo las relaciones espaciales a un ángulo de visión a un punto de vista fijo, el del espectador, por medio de la creación de una profundidad ilusoria entre los objetos y de una distorsión ilusoria de sus formas reales. Un detalle sin importancia puede interceptar en una imagen escorzada al elemento más representativo, con lo cual el conjunto resultará ininteligible. Podemos suprimir una casa o un hombre si ponemos un dedo cerca del ojo. Desde cierto ángulo de visión, formas disímiles pueden parecer proyecciones ópticas similares y formas similares pueden parecer disímiles.

Si un significado de la profundidad es fluir del escorzo y la disminución mediante el uso de la perspectiva, el observador debe estar familiarizado con los objetos en sus características tridimensionales concretas. Por otra parte, una constancia mnémica se adhiere a las cosas familiares de nuestro entorno. En nuestra percepción mantenemos un tamaño y una forma constantes por mucho que el tamaño y la forma de la proyección retiniana varíen con los cambios en nuestro ángulo de visión. Por ejemplo, cuando vemos a dos hombres, uno situado a dos metros de distancia y el otro a cinco, ambos nos parecen aproximadamente del mismo tamaño. Cuando vemos un plato desde un ángulo oblicuo, conforme a las reglas de la perspectiva lineal debería parecernos elíptico;

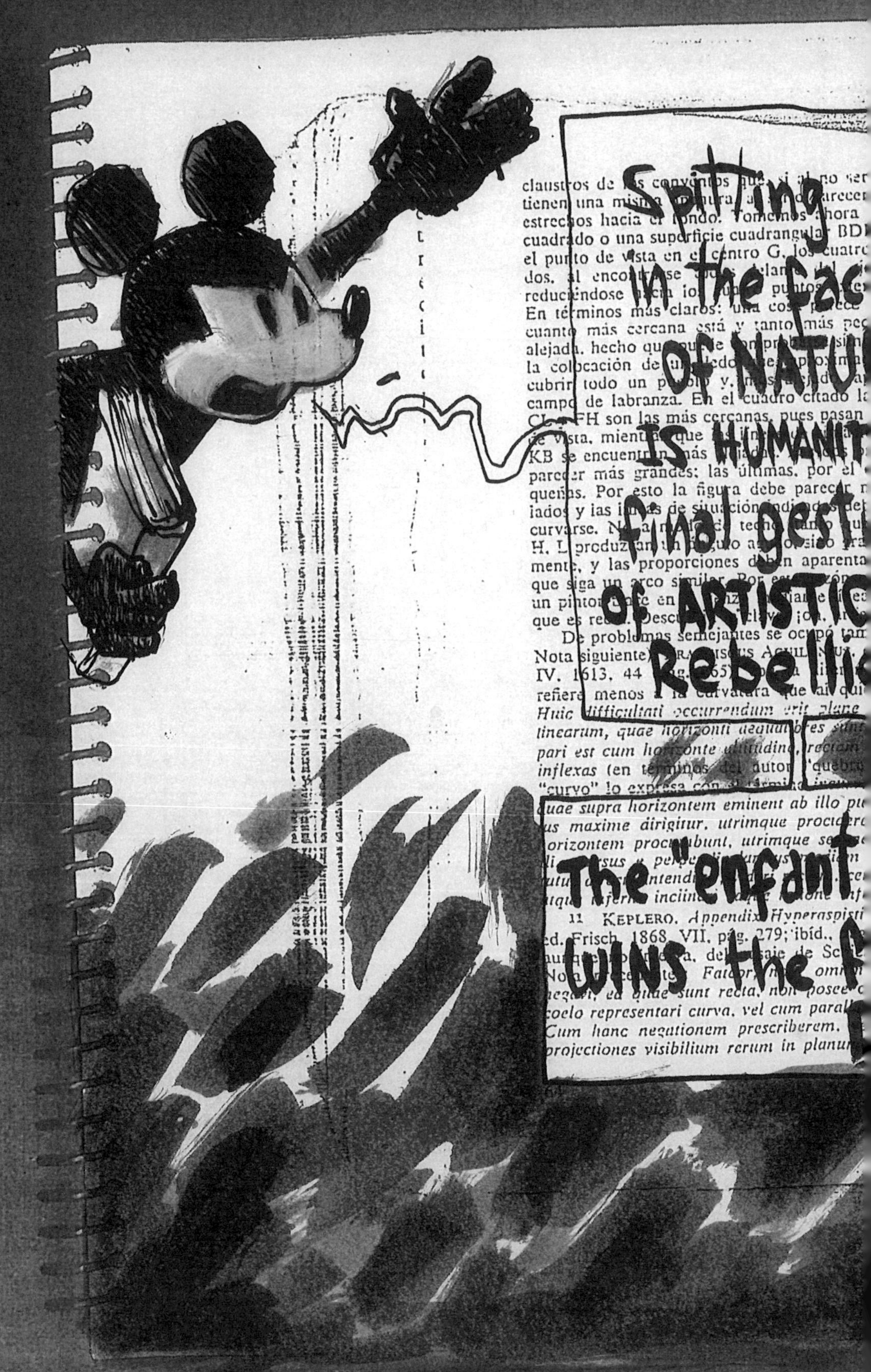
Spitting
in the face
OF NATURE
IS HUMANITY'S
final gesture
OF ARTISTIC
Rebellion
The "enfant"
WINS the

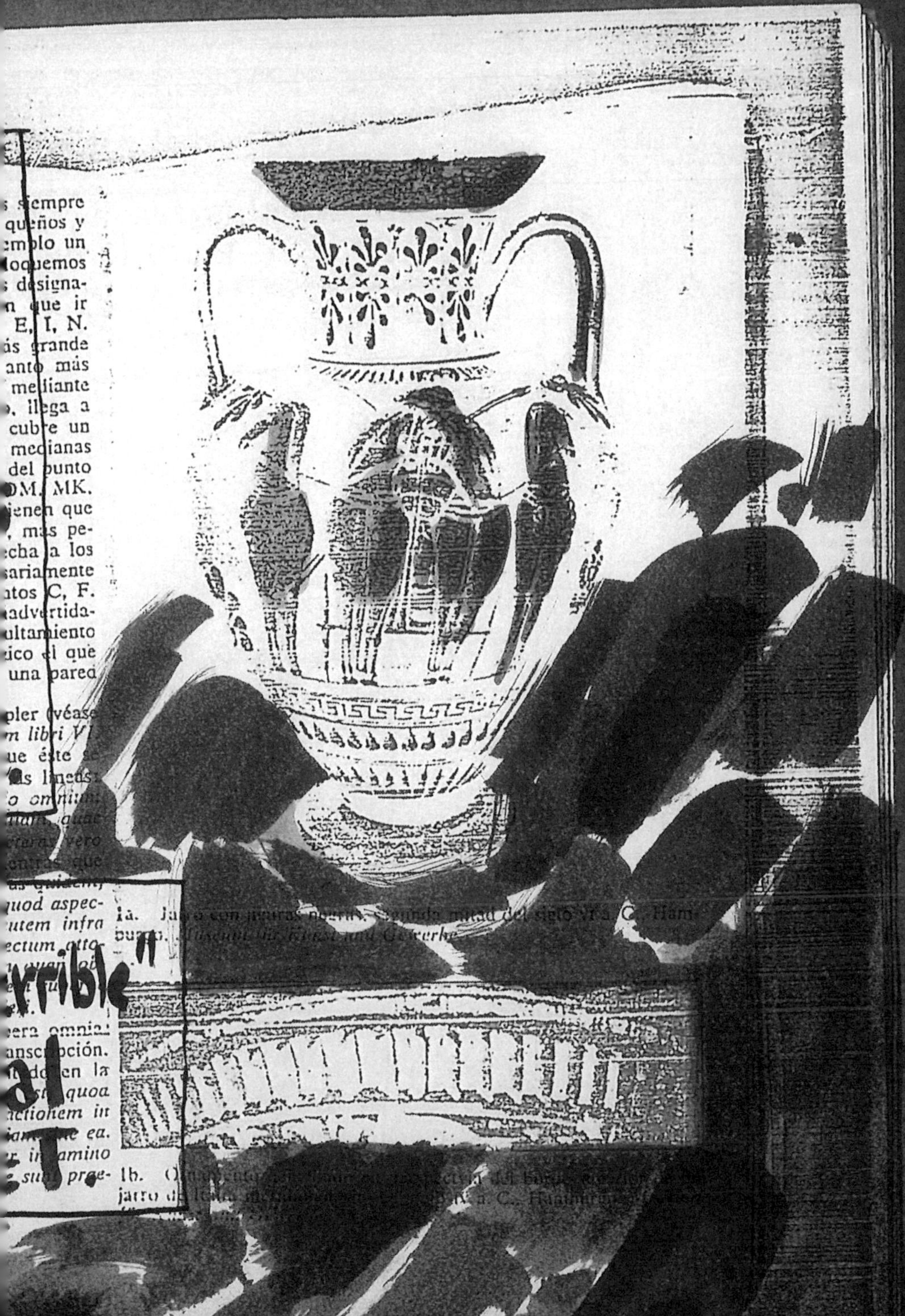

; siempre
queños y
emplo un
loquemos
; designa-
n que ir
E, I, N.
as grande
anto más
mediante
), llega a
cubre un
medianas
del punto
OM. MK.
ienen que
, más pe-
cha a los
sariamente
atos C, F.
advertida-
ultamiento
ico el que
una pared

pler (véase
m libri VI
ue éste se
as líneas
o omnium
mari iauat
ctaras vero
catras que
as quidem)
quod aspec-
utem infra
ectum atto-

era omnia
anscripción.
...do en la
... quoa
ctionem in
iam... e ea.
r in camino
sua prae-

la. Jarro con figuras negras. Segunda mitad del siglo VI a. C., Hamburgo. Museum für Kunst und Gewerbe.

1b. ... jarro de ... a. C., Hamburgo ...

And there is a beautiful paradoxical
Resulting FROM this ARTISTI
operation at the EDGES
of the human cycle.
If the only beings
capable of measuring
time are precisely
traveling through
it by means of a
fiction that becomes
REALITY,
the journey in the
opposite direction of
THE ARROW OF TIME,
denied by Einstein's genera
theory of relativity,
IS PERFECTLY
POSSIBLE AND
ACHIEVABLE:

*ceptiones graphicae seu perspectivae, quae quantacunque di-
versitate propinquitatis terminorum alicujus rectae semper
ejus rectae vestigia reapresentatoria super plano picturae in
rectam itidem lineam ordinant. At vero visus noster nullum
planum pro tabella habet, in qua contempletur picturam
hemisphaerii sed faciem illam coeli, super qua videt cometas,
imaginatur sibi sphaericam instinctu naturali visionis, in concavum vero sphaericum si proiiciatur pictura rerum rectis
lineis extensarum, earum vestigia non erunt lineae rectae,
sed mehercule curvae, circuli nimirum maximi sphaerae, si
visus in ejus centro sit, ut docemur de projectione circulorum
in astrolabium.* [También de KEPLERO los *Paralipomena in
Vitellionem*, III, 2, 7 (ópera II, pág. 167)]. A la forma esférica del ojo corresponde la forma esférica de la imagen
visual y la valoración de la dimensión se realiza mediante
la comparación de la superficie total de la esfera con sus
secciones correspondientes: *"Mundus vero hic aspectibilis et
ipse concavus et rotundus est, et quidquid de hemisphaerio
aut eo amplius intuemur uno obtutu, id pars est huius rotunditatis. Consentaneum igitur est, proportionem singularum
rerum ad totum hemisphaerium aestimari a visu proportione
speciei ingressae ad hemispaerium oculi. Atque hic est vulgo
dictus angulus visorius".* (Esta teoría de la valoración de dimensiones concuerda totalmente con Alhazen II, 37 y Vitelio iV, 17; sobre la hipótesis de la esferidad del campo
visual véase Nota 13.) Dado, sin embargo, que para Kepier
la curvatura de la imagen visual se basa solamente en una
falsa localización de la impresión visual y no en su propia
estructura, éste se ve obligado en consecuencia a rechazar
la idea de Schickhardt, según la que también los pintores
deberían reproducir todas las líneas rectas como curvas:
*"Confundit Schickardis separanda: coeunt versus punctum
visionis in plano picturae omnia rectarum realium, quae
radio visionis parallelae exeunt, vestigia in plano picturae,
vicissim curvantur non super piano picturae, sed in imaginatione visi hemisphaerii omnes rectae reales et inter se parallelae, et curvantur versus utrumque latus rectae ex oculo in
sese perpendicularis, curvantur inquam neque realiter neque
pictorie, sed apparenter solum, id est videntur curvari. Quid
igitur quaeres, numquid ea pictura quae exaratur in plano,
repraesentatio est apparentiae hujus parallelarum? Est, inquam, et non est. Nam quatenus consideramus lineas versus
utrumque latus curvari, oculi radium cogitatione perpendiculariter facimus incidere in mediam parallelarum, oculum
ipsum seorsum collocamus extra parallelas. Cum autem om-
... tura in plano sit angusta pars hemisphaerii aspectabilis,
... planum objectum perpendiculariter radio visorio jam*

claustros de los conventos que, si al no ser mirados siempre
tienen una misma anchura, al serlo parecen más pequeños y
estrechos hacia el fondo. Tomemos ahora como ejemplo un
cuadrado o una superficie cuadrangular BDKM y coloquemos
el punto de vista en el centro G. los cuatro ángulos designa-
dos, al encontrarse todos delante del ojo tendrán que ir
reduciéndose hacia los cuatro puntos exteriores A, E, I, N.
En términos más claros: una cosa parece tanto más grande
cuanto más cercana está y tanto más pequeña cuanto más
alejada, hecho que puede comprobarse simplemente mediante
la colocación de un dedo que, aproximado al ojo, llega a
cubrir todo un pueblo y, más alejado, apenas si cubre un
campo de labranza. En el cuadro citado las líneas medianas
CL y FH son las más cercanas, pues pasan a través del punto
de vista, mientras que las líneas de situación BD, DM, MK,
KB se encuentran más alejadas. Las dos primeras tienen que
parecer más grandes; las últimas, por el contrario, más pe-
queñas. Por esto la figura debe parecer más estrecha a los
lados y las líneas de situación indicadas deben necesariamente
curvarse. No a modo de techo, tanto que los puntos C. F.
H. L produzcan un ángulo agudo, sino gradual e inadvertida-
mente, y las proporciones deben aparentar un abultamiento
que siga un arco similar. Por esta razón, no es lógico el que
un pintor trace en el lienzo mediante líneas rectas una pared
que es recta. Descubrid la clave, ¡oh, artistas!"

De problemas semejantes se ocupó también Kepler (véase
Nota siguiente). FRANCISCUS AGUILONIUS, *Opticorum libri VI*,
IV, 1613, 44 (pág. 265), con la diferencia de que éste se
refiere menos a la curvatura que al quiebro de las líneas:
Huic difficultati occurrendum erit plane asserendo omnium
linearum, quae horizonti aequaliores sunt, solam illam, quae
pari est cum horizonte altitudine, rectam videri, ceterus vero
inflexas (en términos del autor "quebradas", mientras que
"curvo" lo expresa con el término *incurvus*), *ac illas quidem,*
quae supra horizontem eminent ab illo puncto in quod aspec-
tus maxime dirigitur, utrimque procidere quae autem infra
horizontem procumbunt, utrimque secundum aspectum atto-
llit... rursus e perpendicularibus mediam illam, in quam ob-
tutus directe intenditur, videri rectam, ceteras autem superne
atque inferne inclinari eaque ratione inflexas videri.

11 KEPLERO, *Appendix Hyperaspistis* 19 (Opera omnia,
ed. Frisch, 1868, VII, pág. 279; ibíd., pág. 292, transcripción,
aunque no íntegra, del pasaje de Schickhardt citado en la
Nota precedente): *Fateor, non omnino verum est, quod*
negavi, ea quae sunt recta, non posse citra refractionem in
coelo repraesentari curva, vel cum parallaxi, vel etiam sine ea.
Cum hanc negationem prescriberem, versabantur in animo
proiectiones visibilium rerum in planum, et notae sunt prae-

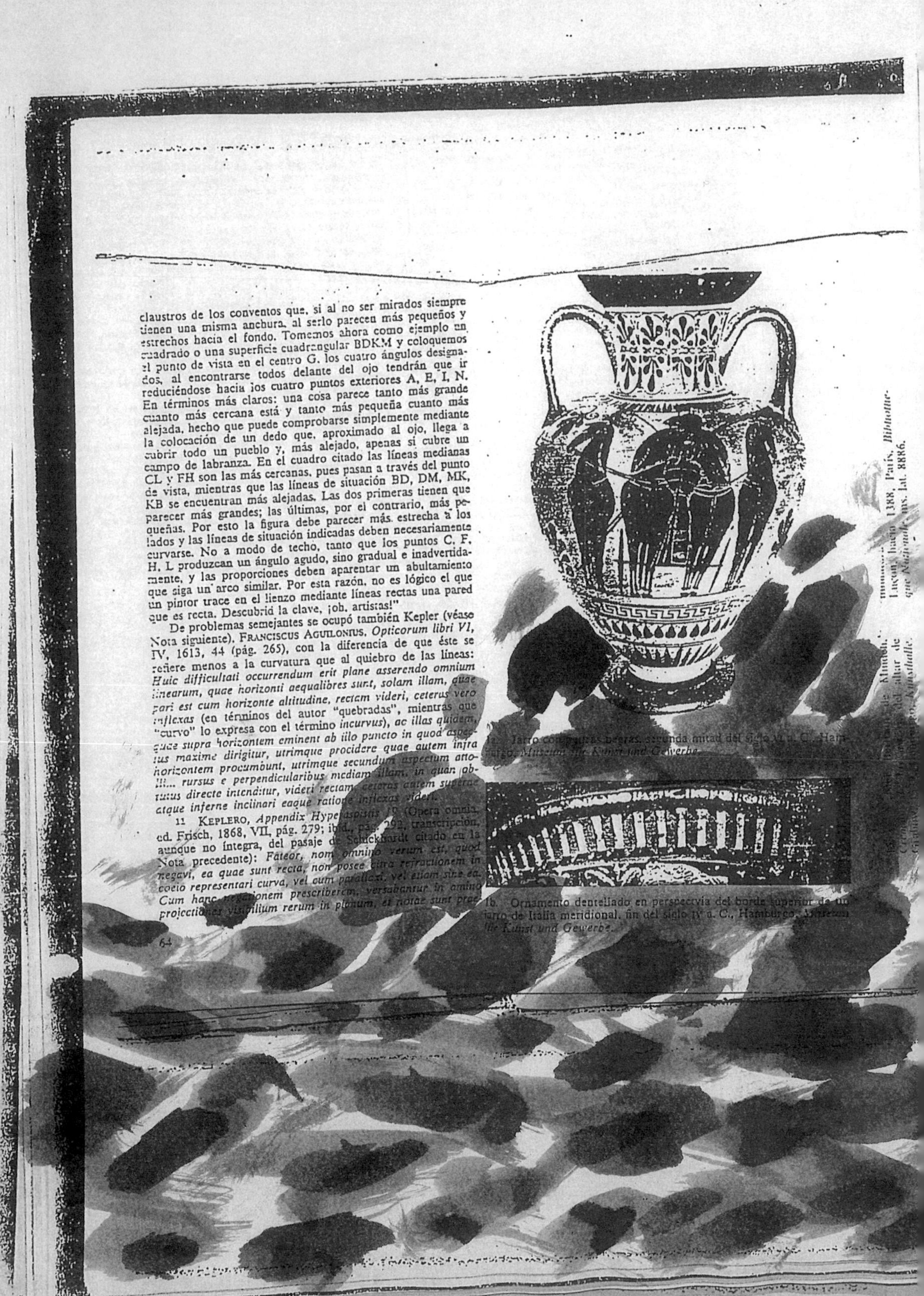

1a. Jarro con figuras negras, segunda mitad del siglo VI a. C., Hamburgo, *Museum für Kunst und Gewerbe.*

1b. Ornamento dentellado en perspectiva del borde superior de un
jarro de Italia meridional, fin del siglo IV a. C., Hamburgo, *Museum
für Kunst und Gewerbe.*

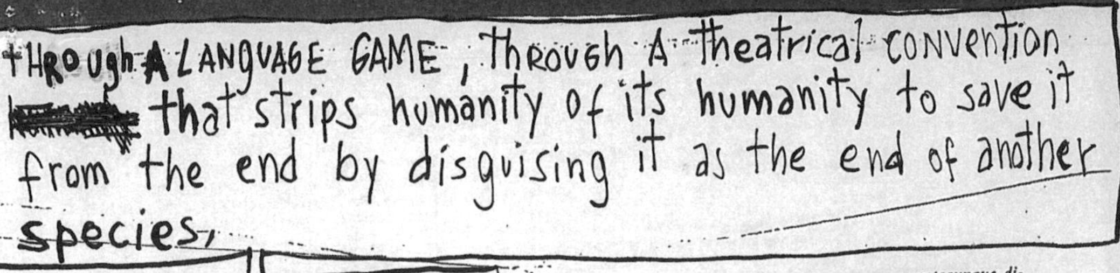

ceptiones graphicae seu perspectivae, quae quantacunque diversitate propinquitatis terminorum alicujus rectae semper ejus rectae vestigia reapresentatoria super plano picturae in rectam itidem linean ordinant. At vero visus noster nullum planum pro tabella habet, in qua contempletur picturam hemisphaerii sed faciem illam coeli, super qua videt cometas, imaginatur sibi sphaericam instinctu naturali visionis, in concavum vero sphaericum si projiciatur pictura rerum rectis lineis extensarum, eaurum vestigia non erunt lineae rectae, sed mehercule curvae, circuli nimirum maximi sphaerae, si visus in ejus centro sit, ut docemur de projectione circulorum in astrolabium. [También de KEPLERO los *Paralipomena in Vitellionem*, III, 2, 7 (ópera II, pág. 167)]. A la forma esférica del ojo corresponde la forma esférica de la imagen visual y la valoración de la dimensión se realiza mediante la comparación de la superficie total de la esfera con sus secciones correspondientes: "*Mundus vero hic aspectibilis et ipse concavus et rotundus est, et quidquid de hemisphaerio aut eo amplius intuemur uno obtuto, id pars est huius rotunditatis. Consentaneum igitur est, proportionem singularum rerum ad totum hemisphaerium aestimari a visu proportione speciei ingressae ad hemispaerium oculi. Atque hic est vulgo dictus angulus visorius*". (Esta teoría de la valoración de dimensiones concuerda totalmente con Alhazen II, 37 y Vitelio IV, 17; sobre la hipótesis de la esferidad del campo visual véase Nota 13.) Dado, sin embargo, que para Kepler curvatura de la imagen visual se basa solamente en una usa localización de la impresión visual y no en su propia estructura, éste se ve obligado en consecuencia a rechazar la idea de Schickhardt, según la que también los pintores deberían reproducir todas las líneas rectas como curvas: "*Confundit Schickardts separanda: coeunt versus punctum visionis in plano picturae omnia rectarum realium, quae radio visionis parallelae exeunt, vestigia in plano picturae, vicissim curvantur non super plano picturae, sed in imaginatione visi hemisphaerii omnes rectae reales et inter se parallelae, et curvantur versus utrumque latus rectae ex oculo in sese perpendicularis, curvantur inquam neque realiter neque pictorie, sed apparenter solum, id est videntur curvari. Quid igitur quaeres. numquid ea pictura quae exaratur in plano, repraesentatio est apparentiae hujus parallelarum? Est, inquam, et non est. Nam quatenus consideramus lineas versus utrumque latus curvari, oculi radium cogitatione perpendiculariter jacimus incidere in mediam parallelarum. oculum ipsum seorsum collocamus extra parallelas. Cum autem omnis pictura in plano sit angusta pars hemisphaerii aspectabilis, certe planum objectum perpendiculariter radio visorio jam*

damental entre la "realidad" y la
... es obvio que también surge está discrepancia en los análogos resultados obtenidos mediante
un aparato fotográfico).

Pongamos un ejemplo muy simple: dividamos
una línea mediante dos puntos ... bajo un
mismo ángulo sus tres segmentos ... Estos segmentos objetivamente desiguales, proyectados sobre
una superficie cóncava, y también por lo tanto sobre
la retina, aparecen con una longitud aproximadamente igual, mientras que sobre una superficie plana
se mostrarán en su ... desigualdad ...

Fig. 2. — *Explicación de las «aberraciones marginales»*

... esto surgen las llamadas "aberraciones
... de todos conocemos gracias a la fotografía, y que precisamente nos permiten distinguir las
diferencias entre la imagen perspectiva y la imagen
retínica. Estas pueden ser matemáticamente definidas
como la diferencia existente entre la relación de los
ángulos visuales y la relación de los segmentos obtenidos por la proyección sobre una superficie plana.
Por eso aparecen de un modo más manifiesto cuanto
mayor es el ángulo visual, o, lo que es lo mismo,

cuanto menor es la distancia en relación a la dimensión de la imagen.[8] Junto a esta discrepancia puramente cuantitativa entre la imagen retínica y la representación perspectiva plana (discrepancia que ...
nacimiento conoció bien pronto), existe otra dis-
... que por un lado, se debe al movimiento de los ojos ... otro, a la configuración esférica
de la retina. Mientras la perspectiva plana proyecta
las líneas rectas como ... las líneas rectas que el ór-
gano visual las toma como curvas (considerándolas
como curvas en sentido ... desde el centro
la imagen); así, una cuadrícula ... que objetivamente está
formada por líneas rectas parece, al ser mirada de
cerca, curvarse como un ..., mientras que una
cuadrícula objetivamente curva parece ... el contrario plana y las líneas de fuga ... un edificio ...
la construcción perspectiva se representan ... y cuva-
tas, deberían ser curvas, correspondiendo ... las vertica-
imagen retínica. Para ser ...
les deberían sufrir una ligera ... (a diferencia
de lo que ocurre en el ... de Guido Hauck,
Fig. 3).

Fig. 3. — ... por pilastras (izquierda), cons-
truido según la ... «subjetiva» (curva); (derecha),
según la ... tiva esquemática (plana).
... Guido Hauck

13

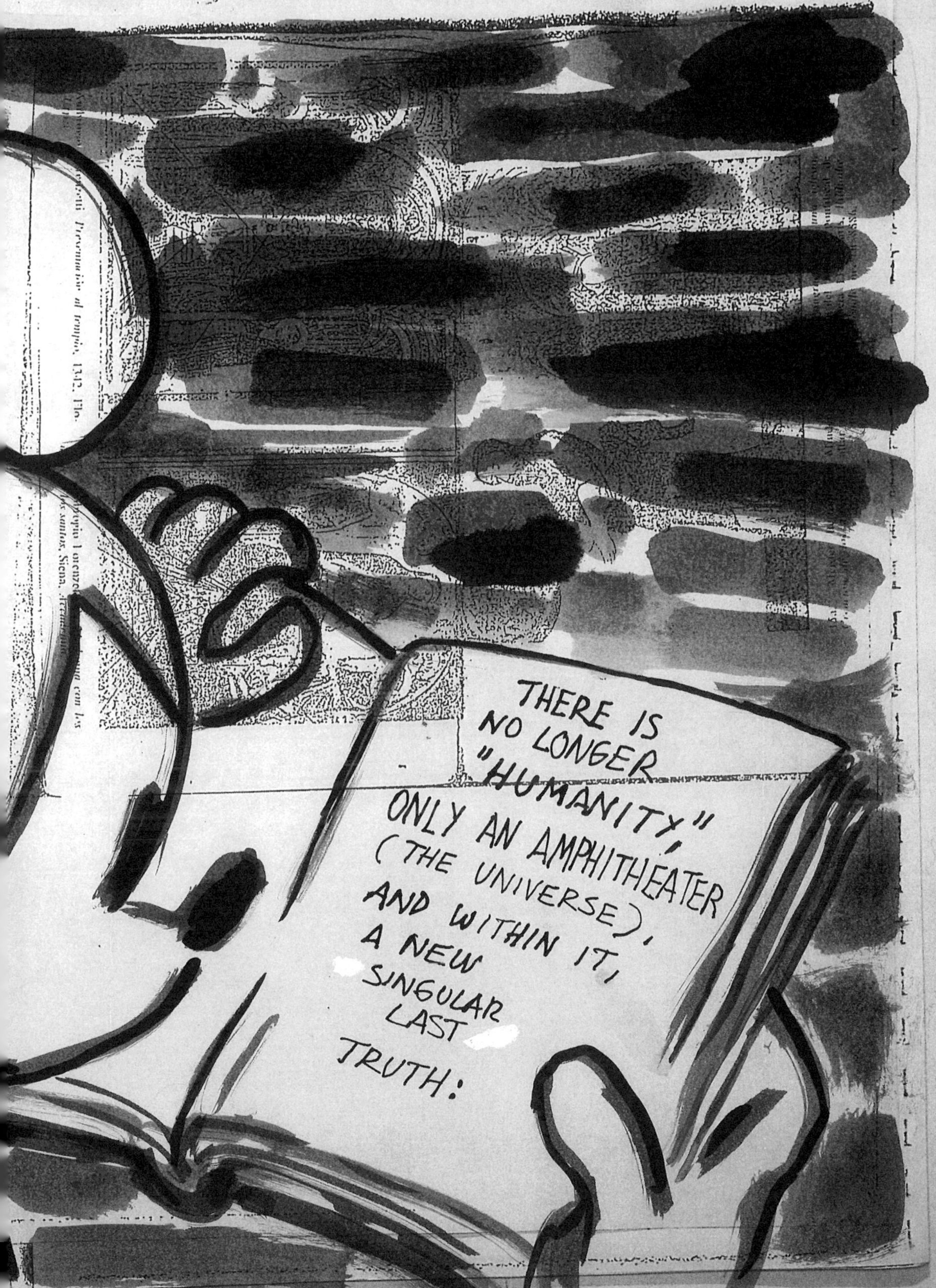

THERE IS
NO LONGER
"HUMANITY,"
ONLY AN AMPHITHEATER
(THE UNIVERSE),
AND WITHIN IT,
A NEW
SINGULAR
LAST
TRUTH:

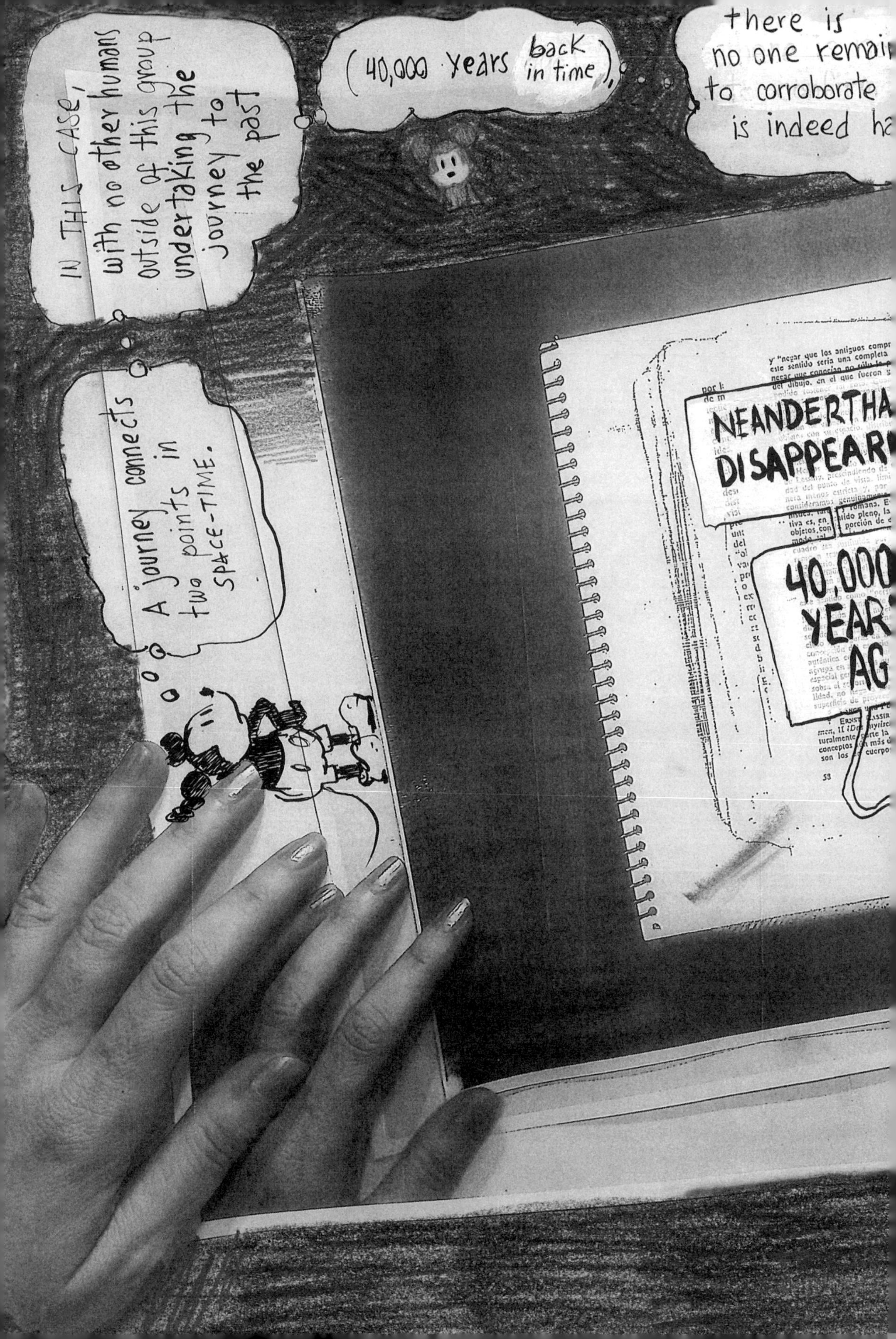

IN THIS CASE, with no other humans outside of this group undertaking the journey to the past
(40,000 years back in time),
there is no one remain[ing] to corroborate [this] is indeed ha[ppening]
A journey connects two points in SPACE-TIME.
NEANDERTHA[L] DISAPPEAR[ED]
40,000 YEAR[S] AG[O]

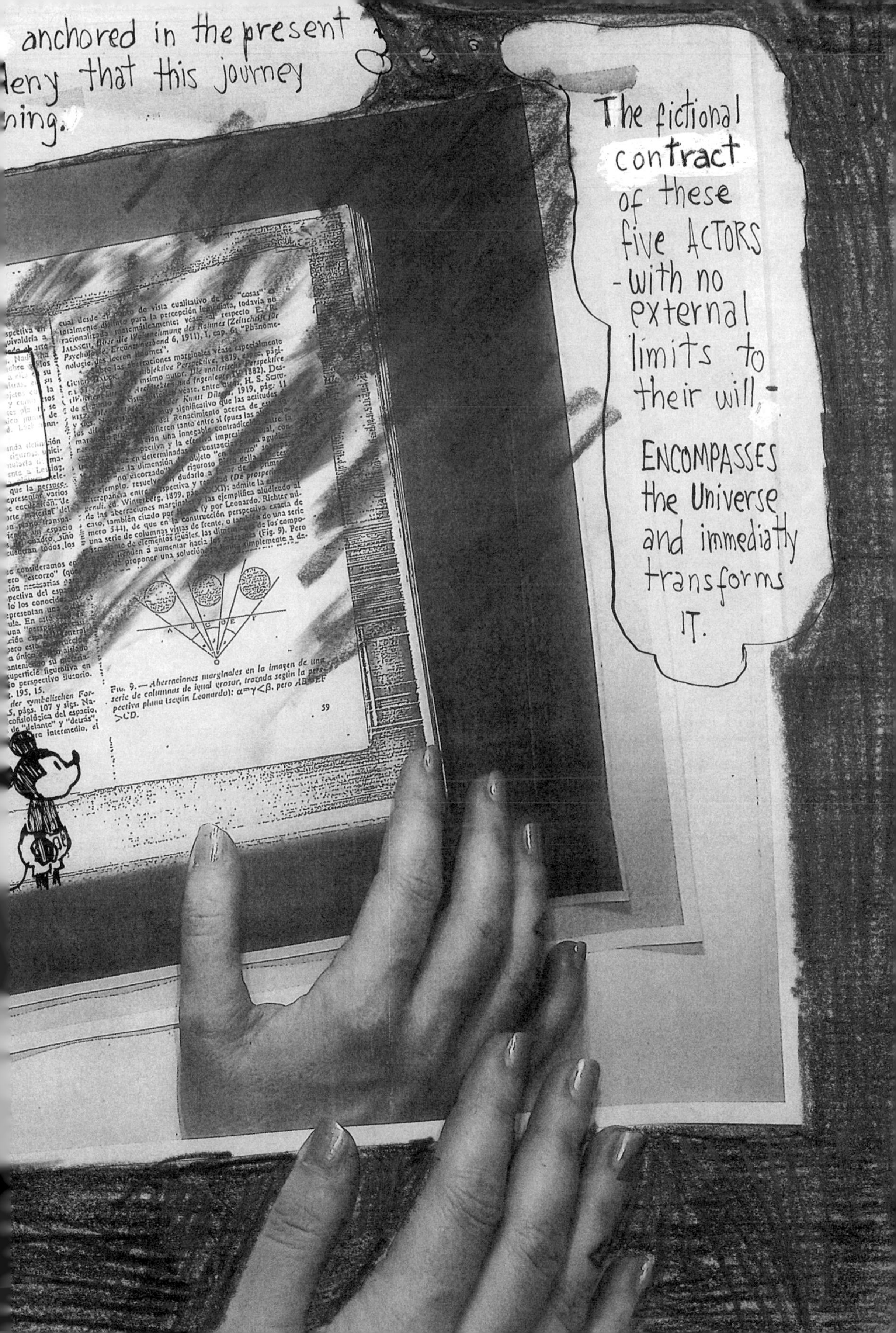
anchored in the present
deny that this journey
ning.
The fictional
contract
of these
five ACTORS
- with no
external
limits to
their will.
ENCOMPASSES
the Universe
and immediatly
transforms
IT.

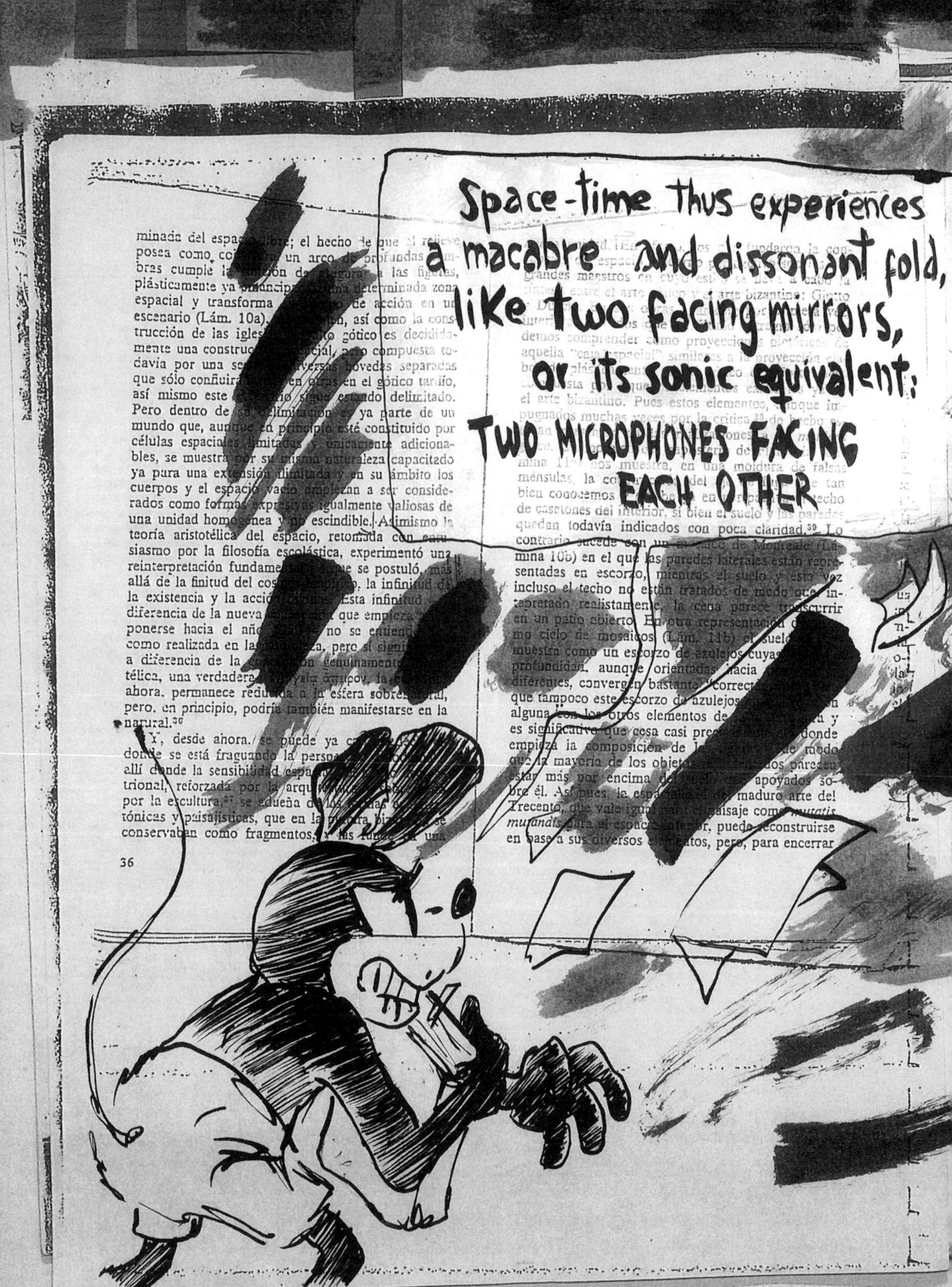
Space-time thus experiences a macabre and dissonant fold, like two facing mirrors, or its sonic equivalent: TWO MICROPHONES FACING EACH OTHER

COUPLING TOWARD
INFINITY.

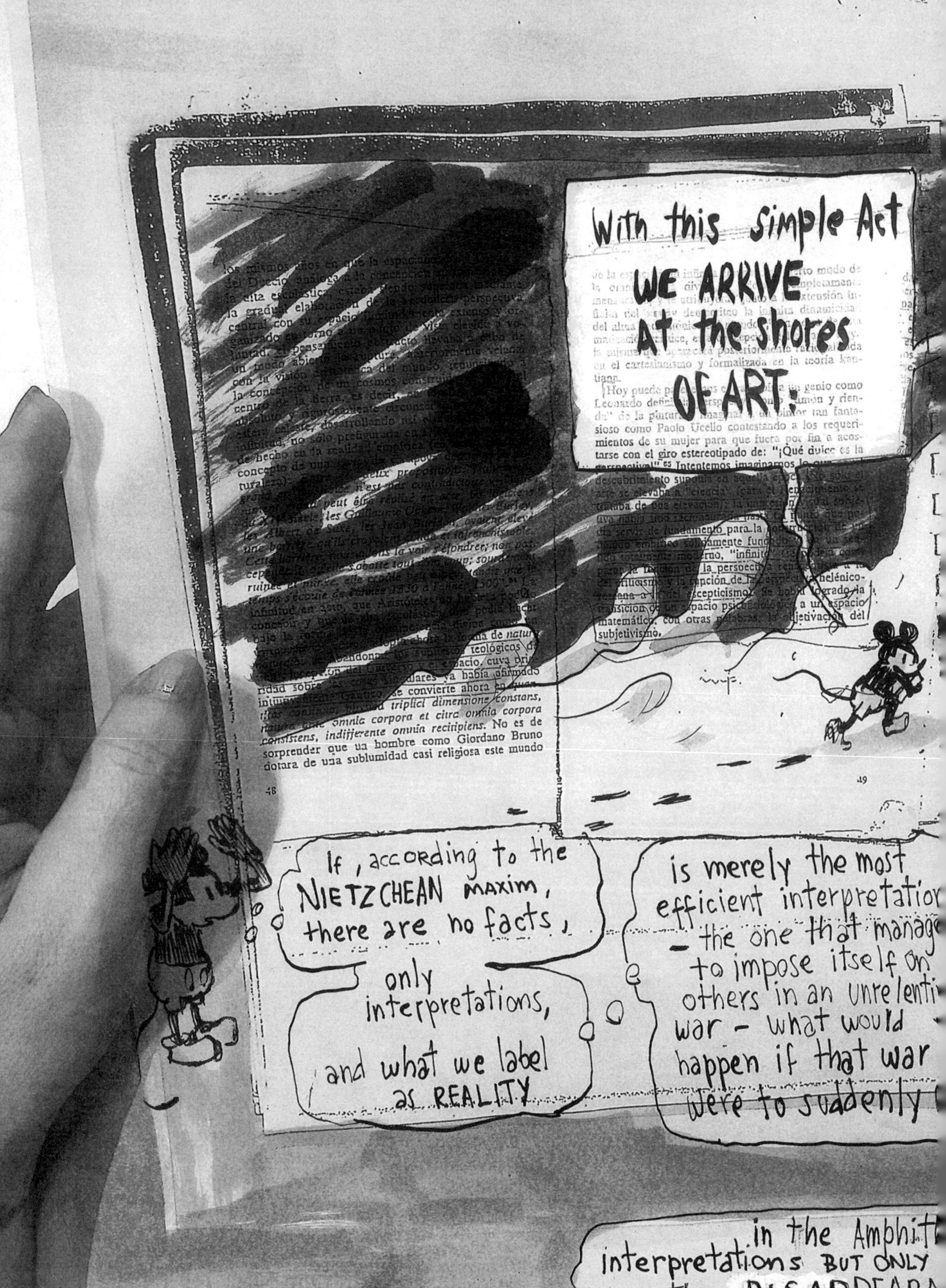

With this simple Act WE ARRIVE AT the shores OF ART.
If, according to the NIETZCHEAN maxim, there are no facts, only interpretations, and what we label as REALITY
is merely the most efficient interpretation - the one that manages to impose itself on others in an unrelenting war - what would happen if that war were to suddenly
in the Amphithe
interpretations BUT ONLY
the DISAPPEARA

The transformation of the last fiction INTO REALITY.
What if these interpretations were to extinguish, leaving only one, the last, without opponents or detractors?
MY ANSWER represented by the AMPHITHEATER METAPHOR, REVERSES the maxim attributed to the German thinker:
r (the Universe), there are no FACT OF NEANDERTHALS in 40,000 BCE.

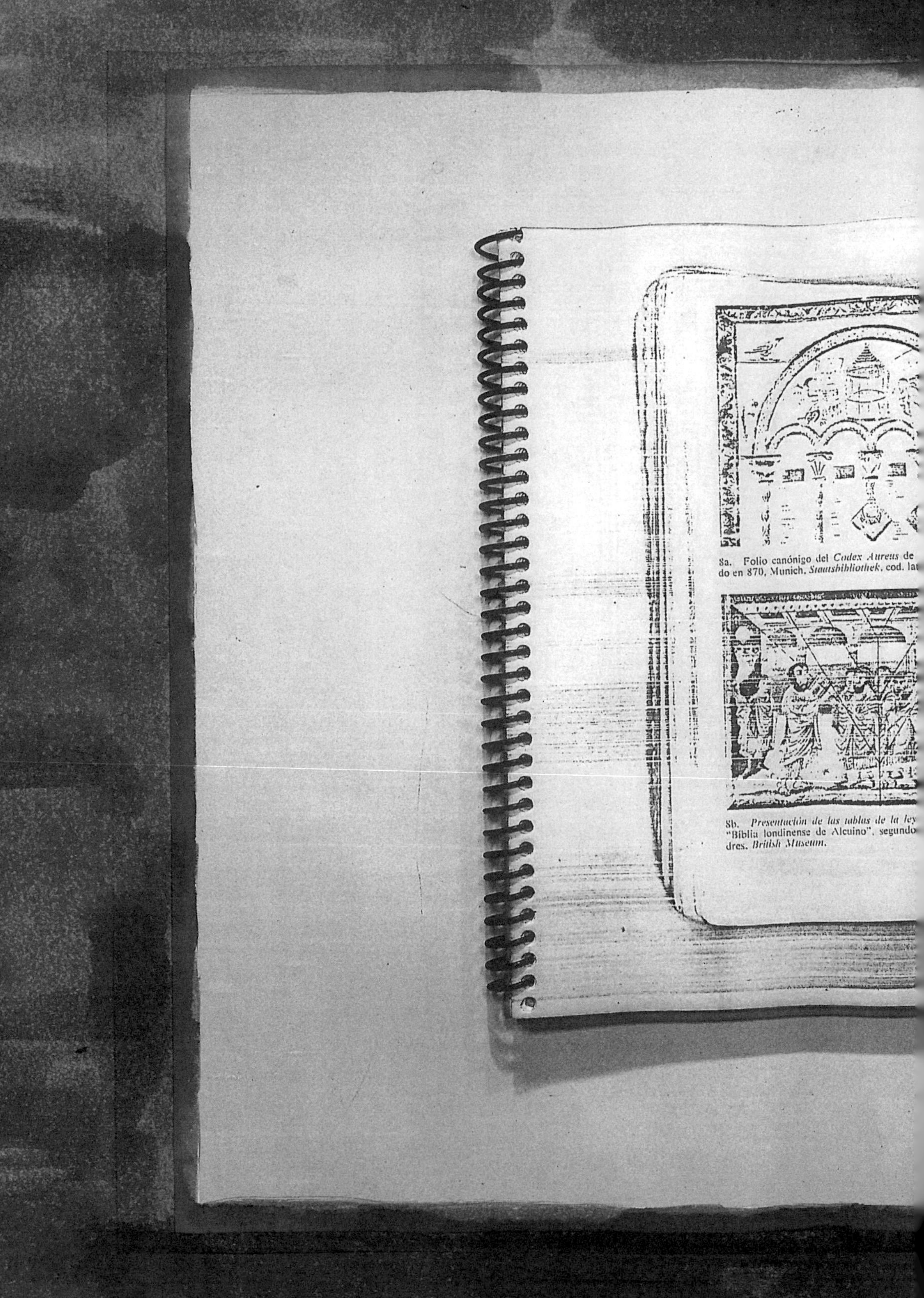

8a. Folio canónigo del *Codex Aureus* de ... do en 870, Munich. *Staatsbibliothek*, cod. lat...

8b. *Presentación de las tablas de la ley* "Biblia londinense de Alcuino", segundo ... dres. *British Museum*.

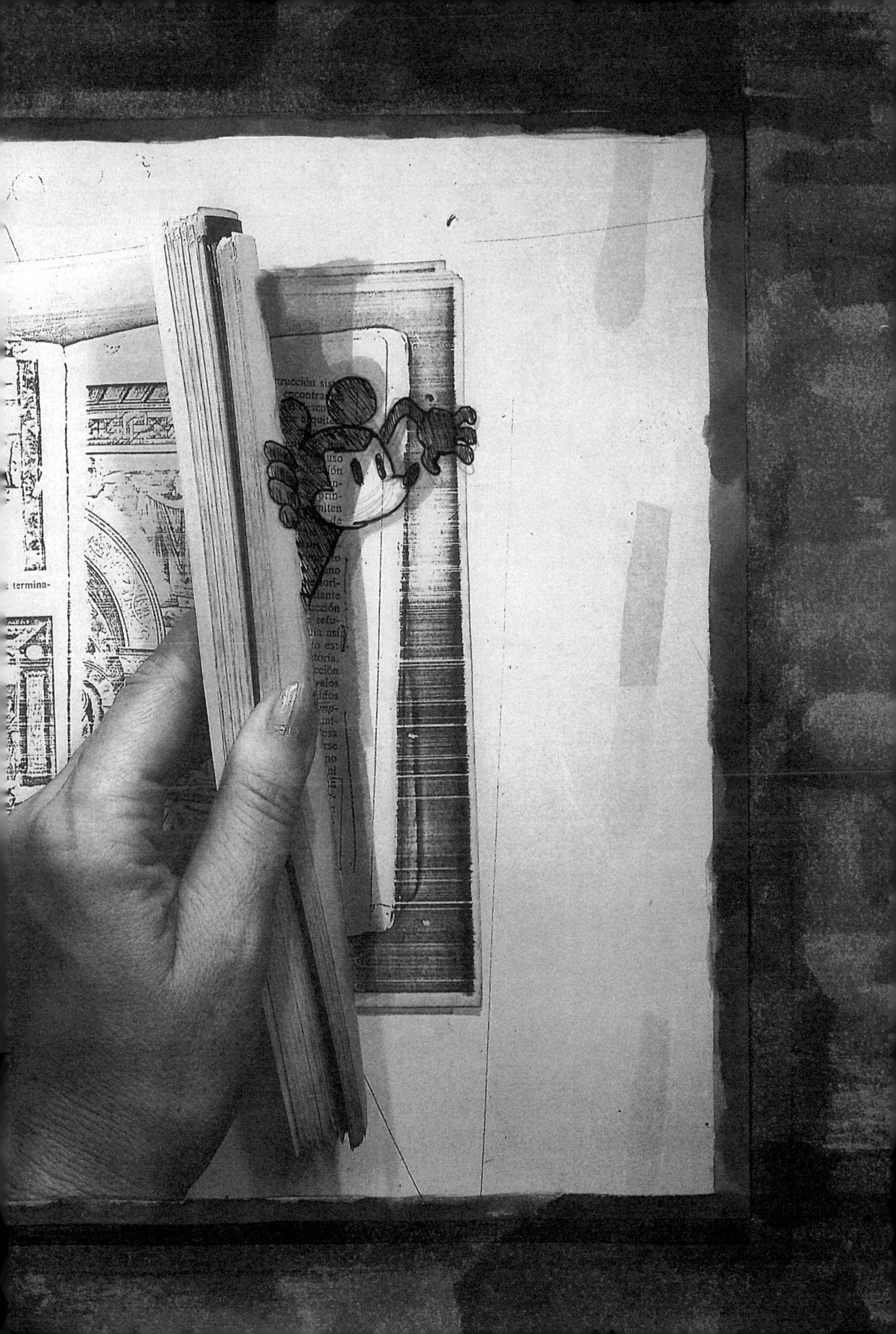

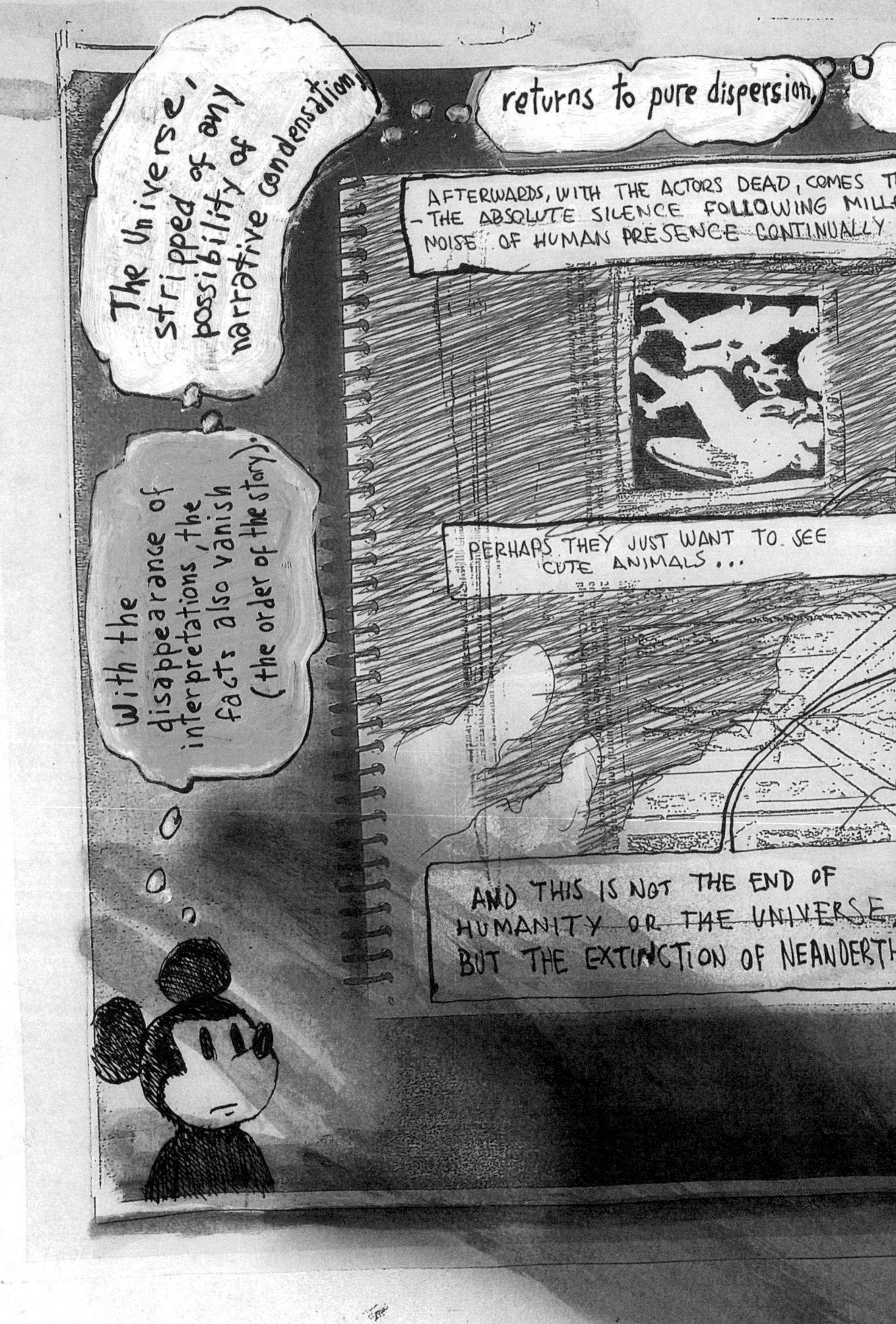
The Universe, stripped of any possibility of narrative condensation,
returns to pure dispersion.
AFTERWARDS, WITH THE ACTORS DEAD, COMES TH
THE ABSOLUTE SILENCE FOLLOWING MILLE
NOISE OF HUMAN PRESENCE CONTINUALLY
With the disappearance of interpretations, the facts also vanish (the order of the story).
PERHAPS THEY JUST WANT TO SEE CUTE ANIMALS...
AND THIS IS NOT THE END OF HUMANITY OR THE UNIVERSE, BUT THE EXTINCTION OF NEANDERTH

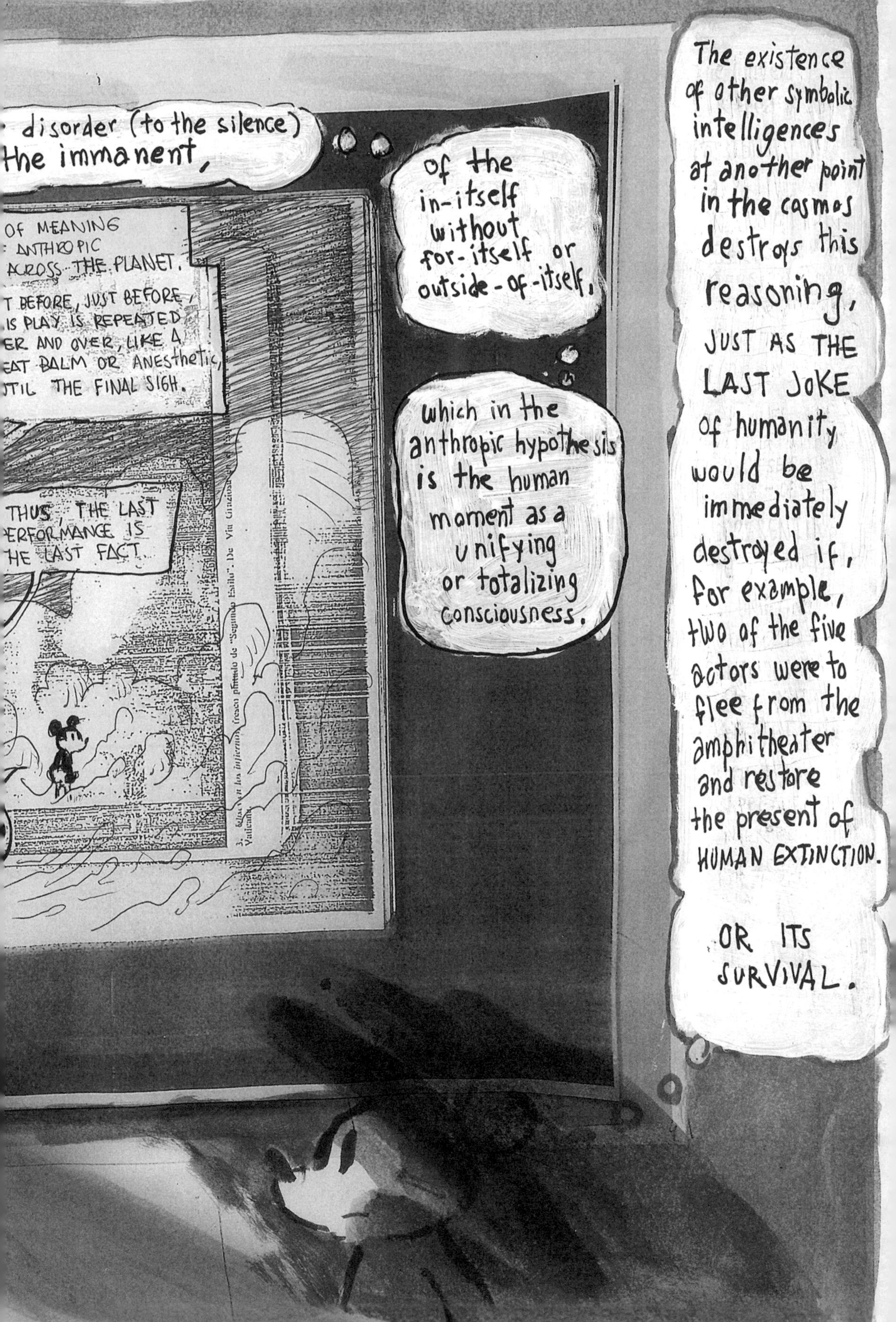
disorder (to the silence)
the immanent,

OF MEANING
ANTHROPIC
ACROSS THE PLANET.

BEFORE, JUST BEFORE,
IS PLAY IS REPEATED
ER AND OVER, LIKE A
EAT BALM OR ANESTHETIC,
TIL THE FINAL SIGH.

THUS, THE LAST
PERFORMANCE IS
THE LAST FACT.

of the
in-itself
without
for-itself or
outside-of-itself,

which in the
anthropic hypothesis
is the human
moment as a
unifying
or totalizing
consciousness.

The existence
of other symbolic
intelligences
at another point
in the cosmos
destroys this
reasoning,
JUST AS THE
LAST JOKE
of humanity,
would be
immediately
destroyed if,
for example,
two of the five
actors were to
flee from the
amphitheater
and restore
the present of
HUMAN EXTINCTION.

OR ITS
SURVIVAL.

The Plank epoch is the earliest period of time in the history of the universe. The temperature and average energies within the Universe were so high that subatomic particles were unable to form, and the four fundamental forces of nature—gravity, strong and weak nuclear forces, and electromagnetism—were unified into a single fundamental force.

(I AM READING ABOUT how the universe originated: the Plank epoch and its mere 10 to the power of -43 seconds.

HELLO GOD. I MEASURE IN WEEKS, YOU MEASURE IN EONS. AND I DON'T CARE.

I GO TO THE Kitchen and explain it to MY MOM, DISTRESSING her. "LET'S EAT" she tells me.

I Look at the which, being folds in o

WE ARE FACING A GREAT JOKE.

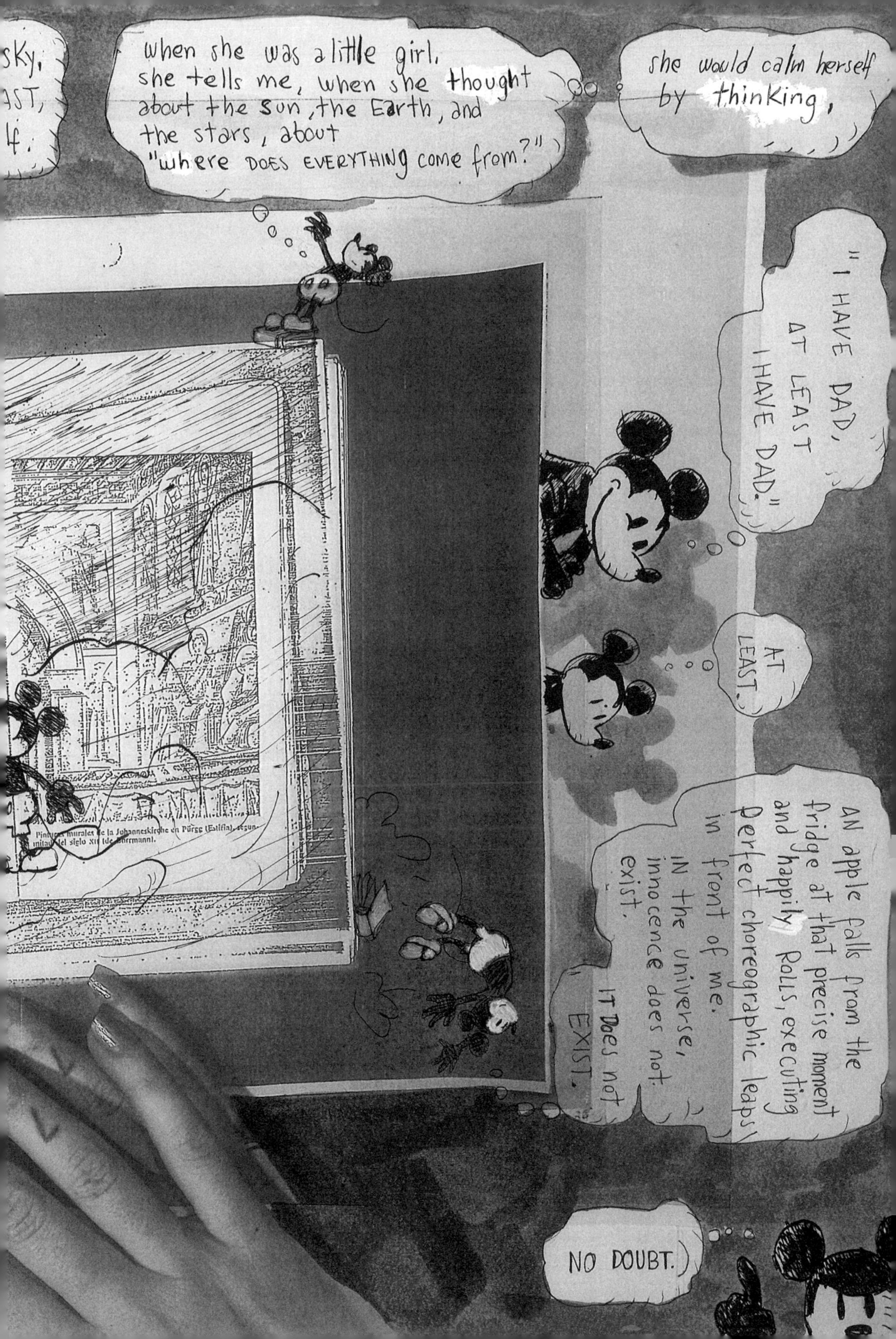

sky,
ST,
f.
When she was a little girl, she tells me, when she thought about the sun, the Earth, and the stars, about "WHERE DOES EVERYTHING COME FROM?"
she would calm herself by thinking,
"I HAVE DAD, AT LEAST I HAVE DAD."
AT LEAST.
AN apple falls from the fridge at that precise moment and happily Rolls, executing perfect choreographic leaps in front of me. IN the universe, innocence does not exist.
IT Does not EXIST.
Pinturas murales de la Johanneskirche en Pürgg (Estiria), según imitación del siglo XII (de Herrmann).
NO DOUBT.

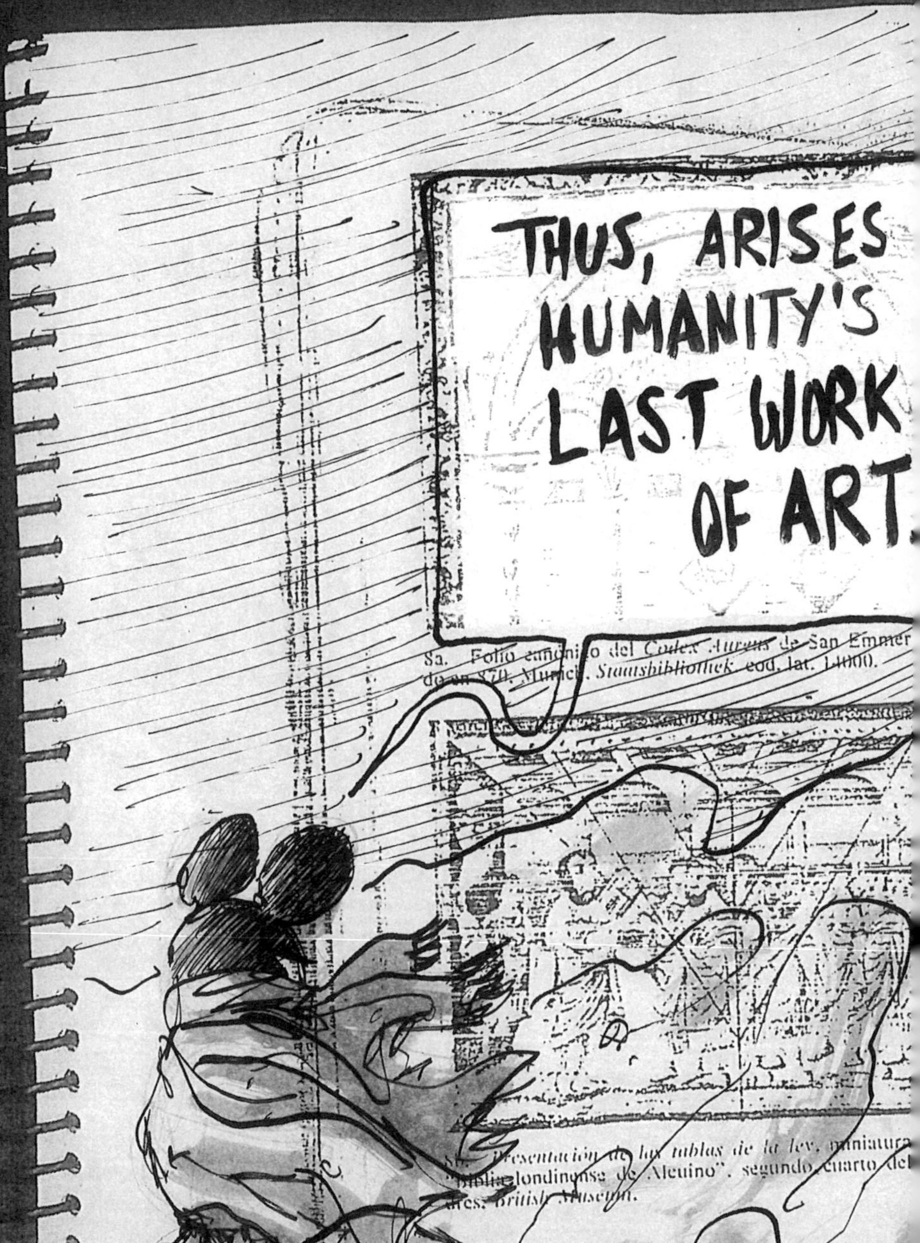

THUS, ARISES HUMANITY'S LAST WORK OF ART.
Sa. Folio canónico del Codex Aureus de San Emmer
de an 870. Munich. Staatsbibliothek cod. lat. 1.000.
Presentación de las tablas de la ley, miniatura
biblia londinense de "Alcuino", segundo cuarto del
res. british Museum.

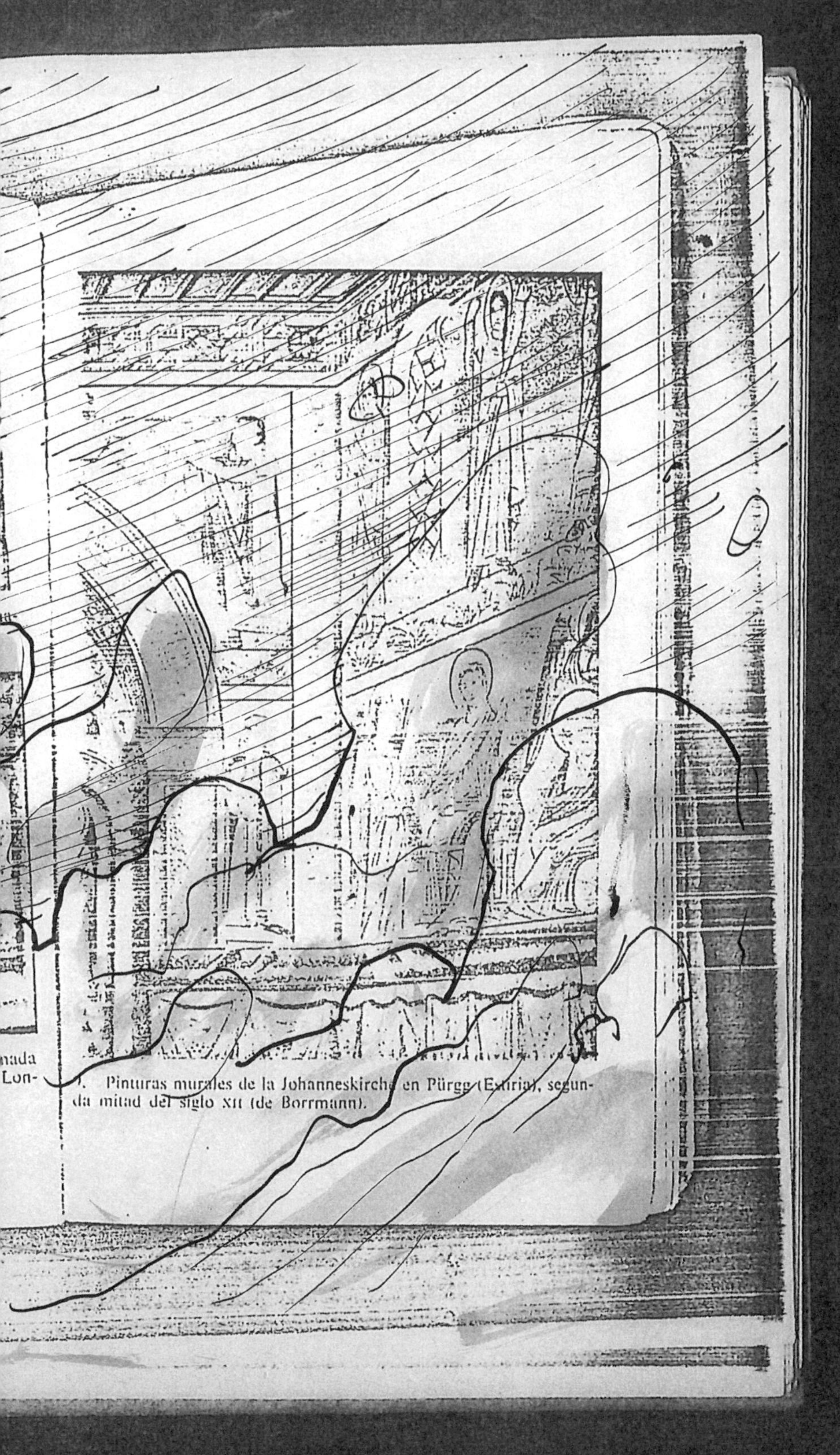

Pinturas murales de la Johanneskirche en Pürgg (Estiria), segunda mitad del siglo XII (de Borrmann).

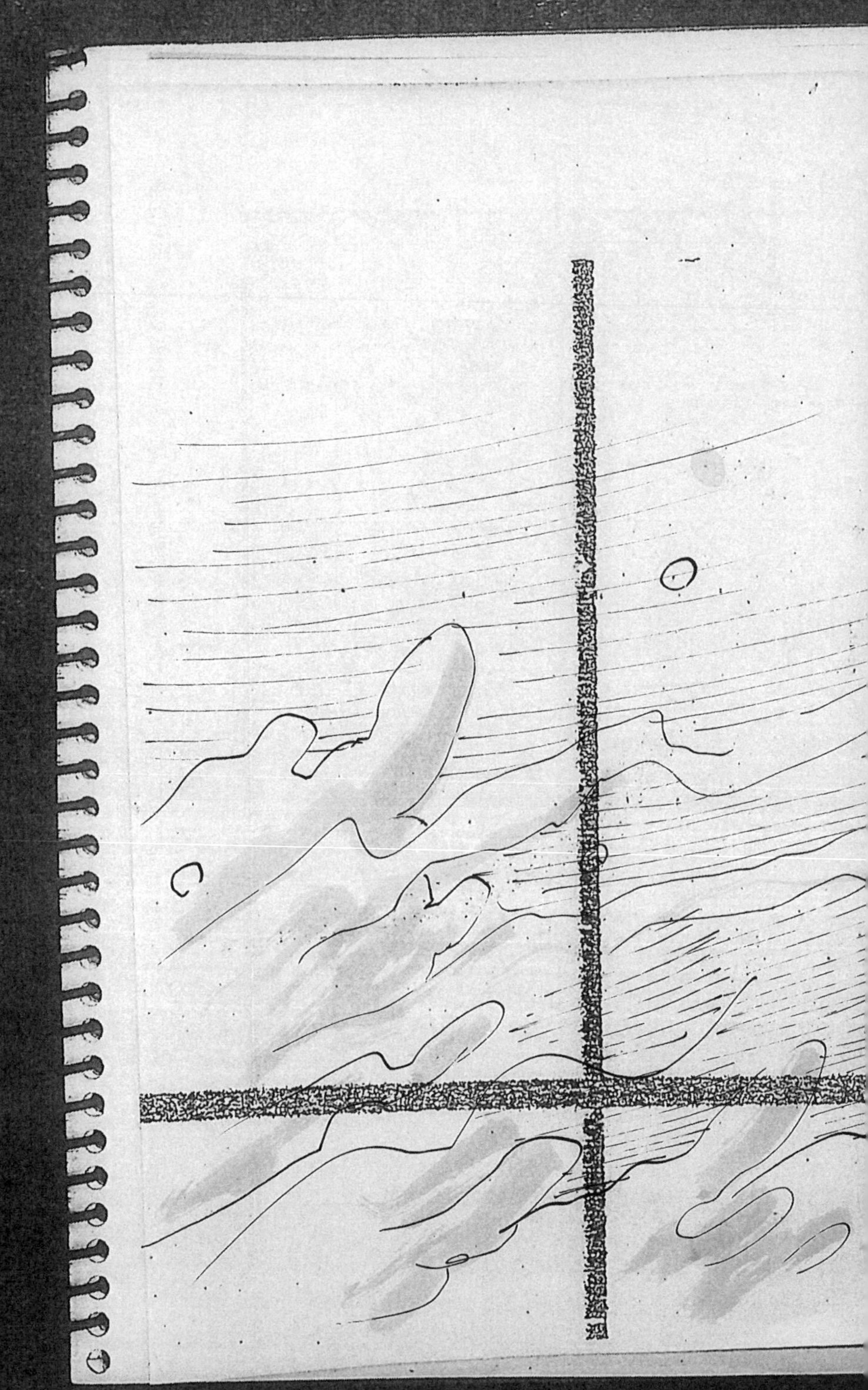

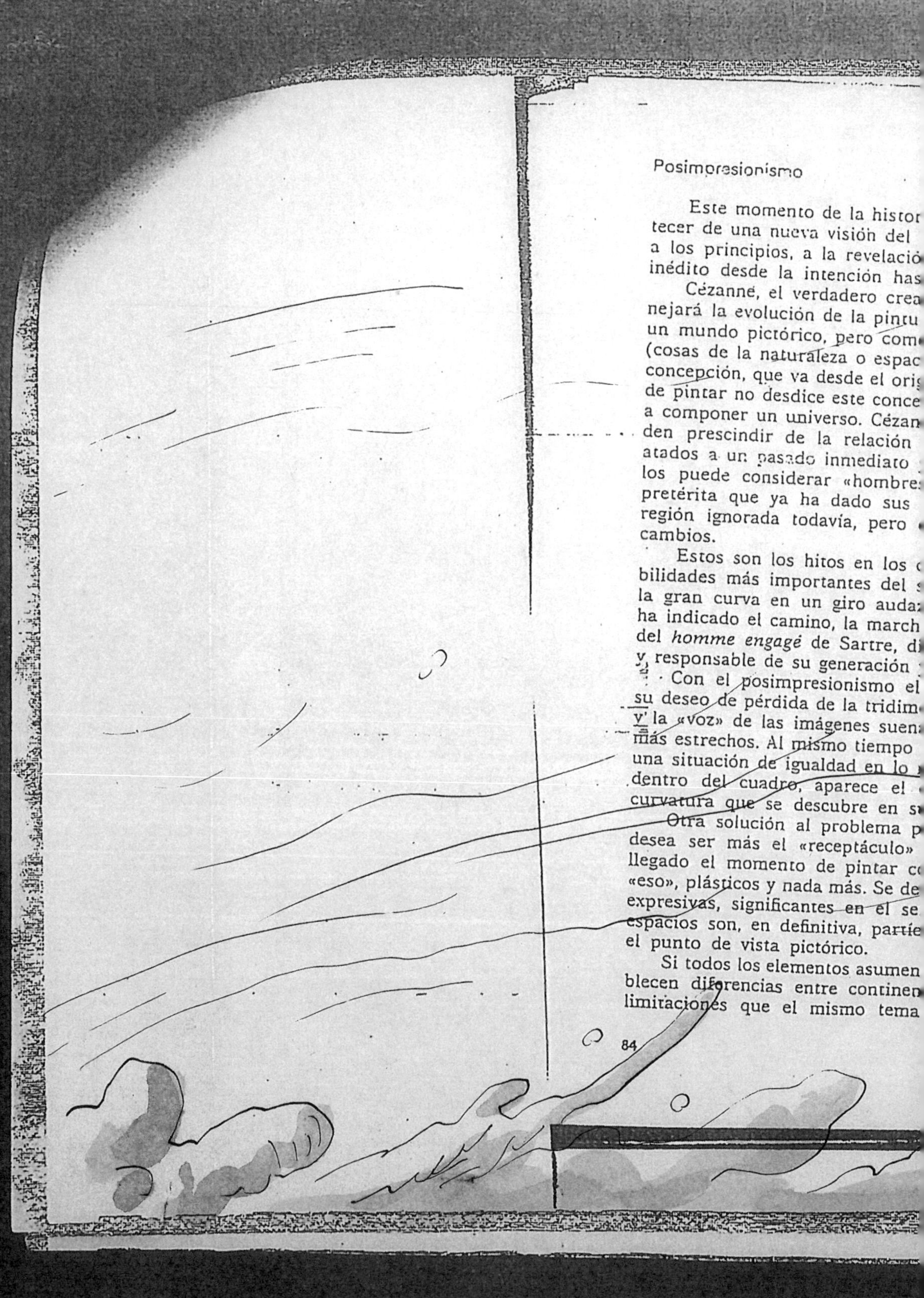

Posimpresionismo

Este momento de la histor
tecer de una nueva visión del
a los principios, a la revelació
inédito desde la intención has
Cézanne, el verdadero crea
nejará la evolución de la pintu
un mundo pictórico, pero com
(cosas de la naturaleza o espac
concepción, que va desde el orig
de pintar no desdice este conce
a componer un universo. Cézan
den prescindir de la relación
atados a un pasado inmediato
los puede considerar «hombre
pretérita que ya ha dado sus
región ignorada todavía, pero
cambios.

Estos son los hitos en los
bilidades más importantes del s
la gran curva en un giro auda
ha indicado el camino, la march
del *homme engagé* de Sartre, d
y responsable de su generación
· Con el posimpresionismo el
su deseo de pérdida de la tridim
y la «voz» de las imágenes suen
más estrechos. Al mismo tiempo
una situación de igualdad en lo
dentro del cuadro, aparece el
curvatura que se descubre en s
Otra solución al problema p
desea ser más el «receptáculo»
llegado el momento de pintar c
«eso», plásticos y nada más. Se de
expresivas, significantes en el se
espacios son, en definitiva, partíe
el punto de vista pictórico.

Si todos los elementos asumen
blecen diferencias entre continen
limitaciones que el mismo tema

84

pintura caracteriza el acon-
Pero una vez más se vuelve
que se inicia, de lo que es
rmulación concreta.
sistema con el cual se ma-
emporánea, procura re-crear
por el meollo de las cosas
son también cosas). En su
a la superficie (y su manera
encierra el deseo de volver
posimpresionistas no pue-
igura. Todavía permanecen
lejano; en este sentido se
porque unen una orilla
nes con las playas de una
se van a producir grandes

e ponen en juego las posi-
ano. Son las sorpresas de
rometido. Una vez que se
natural y fácil. En lugar
el «grupo comprometido»
siguientes.
o manifiesta abiertamente
lidad. La «voz» del espacio
n contrapunto de acordes
relación fondo-figura busca
e al plano de importancia
elíptico sugerido por la
rmación.
o por un espacio que no
imagen representada. Ha
entos plásticos que sean
tar un sistema de formas
ás riguroso. Imágenes y
igual importancia desde

na jerarquía, si no se esta-
ntenido —dentro de las
, resulta lógico que se

El artista consigue crear la imagen de un
espacio cuasi bidimensional. La tela recobraría
así los caracteres primeros de una superficie.
El infinito está enunciado en la falta de
alusiones tridimensionales y en la sugerencia
de una continuidad marcada por las ortogonales
que llegan al borde de la tela. El espacio,
como idea pictórica, resulta por demás elocuente

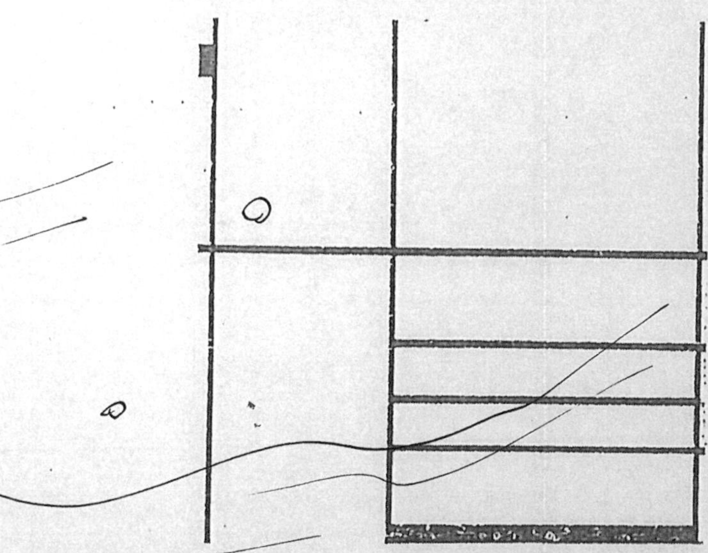

16. Piet Mondrian, *Composición en blanco, negro y rojo*
Museo de Arte Moderno, Nueva York

consiga una unidad de visión. La «aparición» que es el cuadro,
presentará una figura y un fondo, fundidos en la unidad requerida.
De acuerdo con el mismo criterio, podemos considerar el valor de una mancha que actúa en el fondo del cuadro con otra que

I Refer to "western art," the ordered Historical line designed in the laboratories of EUROPE.
it traces its origin from THE CAVES of ALTAMIRA,
ex fi G M
and of
di 3/6/99
DIBUJO II. —
(Prof. LLARRULL)
The expansion of this GREAT JOKE unfolds on our consciences.

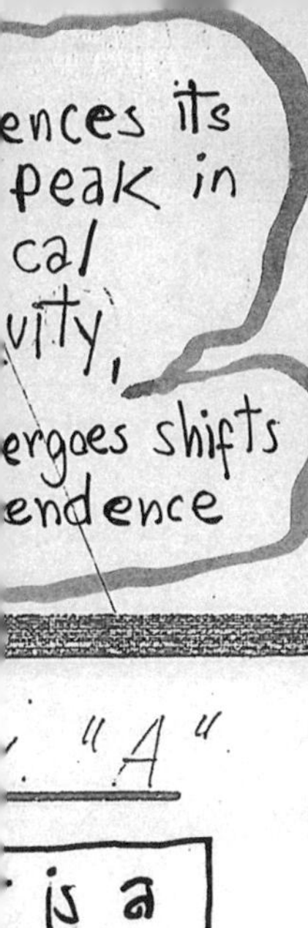

Estética de los elementos plásticos
/ López Chuhurra

6

El espacio

> Dios es espacio en sí mismo.
> *El Zohar*

> El espacio es la experiencia misma del hombre.
> PIERRE FRANCASTEL

El problema fundamental que debe resolver la pintura es la creación de un espacio, encerrado en la superficie de la tela elegida por el pintor.

La tercera dimensión, manifestada por las excelencias de una «ilusión», hará posible el proceso de la articulación de las manchas coloreadas; sin esa profundidad inventada la imagen pintada no aparece.

Para que se cumpla la realidad llamada cuadro es necesario disponer de un espacio. Decía Patrizzi en el Renacimiento: «El espacio es la base de toda existencia».

Disponemos ya de otro elemento importante que responde a los requerimientos de la obra de arte. La materia es la encargada de crear el espacio pictórico; muchos serán los métodos empleados para estructurarlo y muchas las características y la función de esa ilusión espacial.

Para Pitágoras, «el espacio se confunde con la materia». Vamos a considerar esta afirmación a la luz de la creación pictórica.

En la pintura se confunden la realidad de la materia con la realidad del espacio creado. La unidad resulta una identidad, por-

61

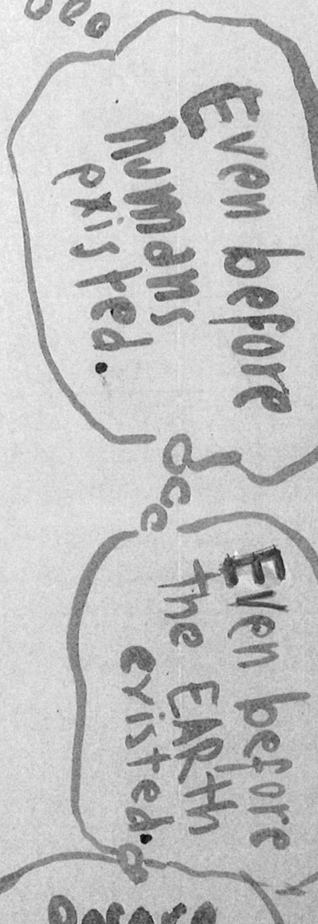

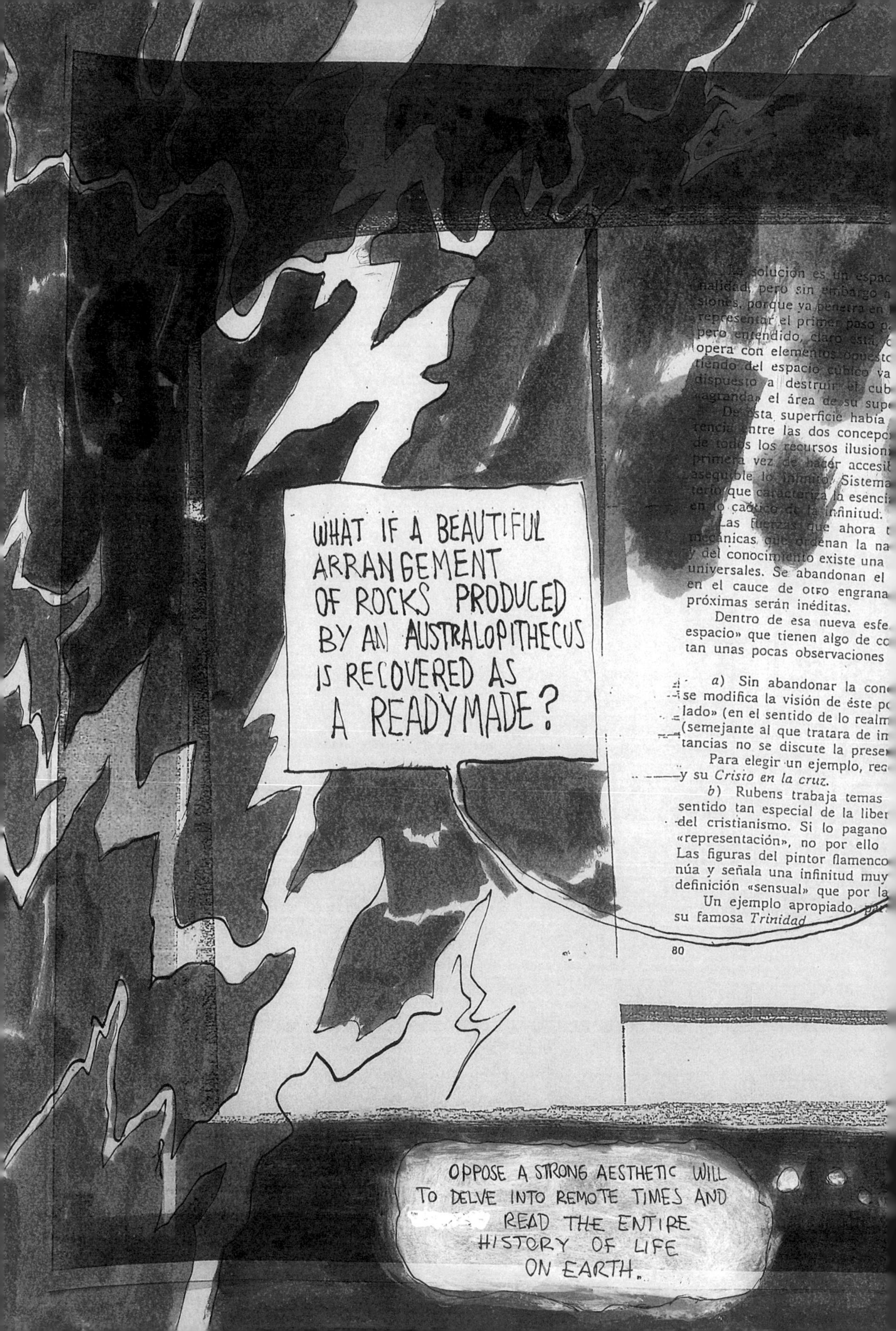

WHAT IF A BEAUTIFUL
ARRANGEMENT
OF ROCKS PRODUCED
BY AN AUSTRALOPITHECUS
IS RECOVERED AS
A READYMADE?
OPPOSE A STRONG AESTHETIC WILL
TO DELVE INTO REMOTE TIMES AND
READ THE ENTIRE
HISTORY OF LIFE
ON EARTH.

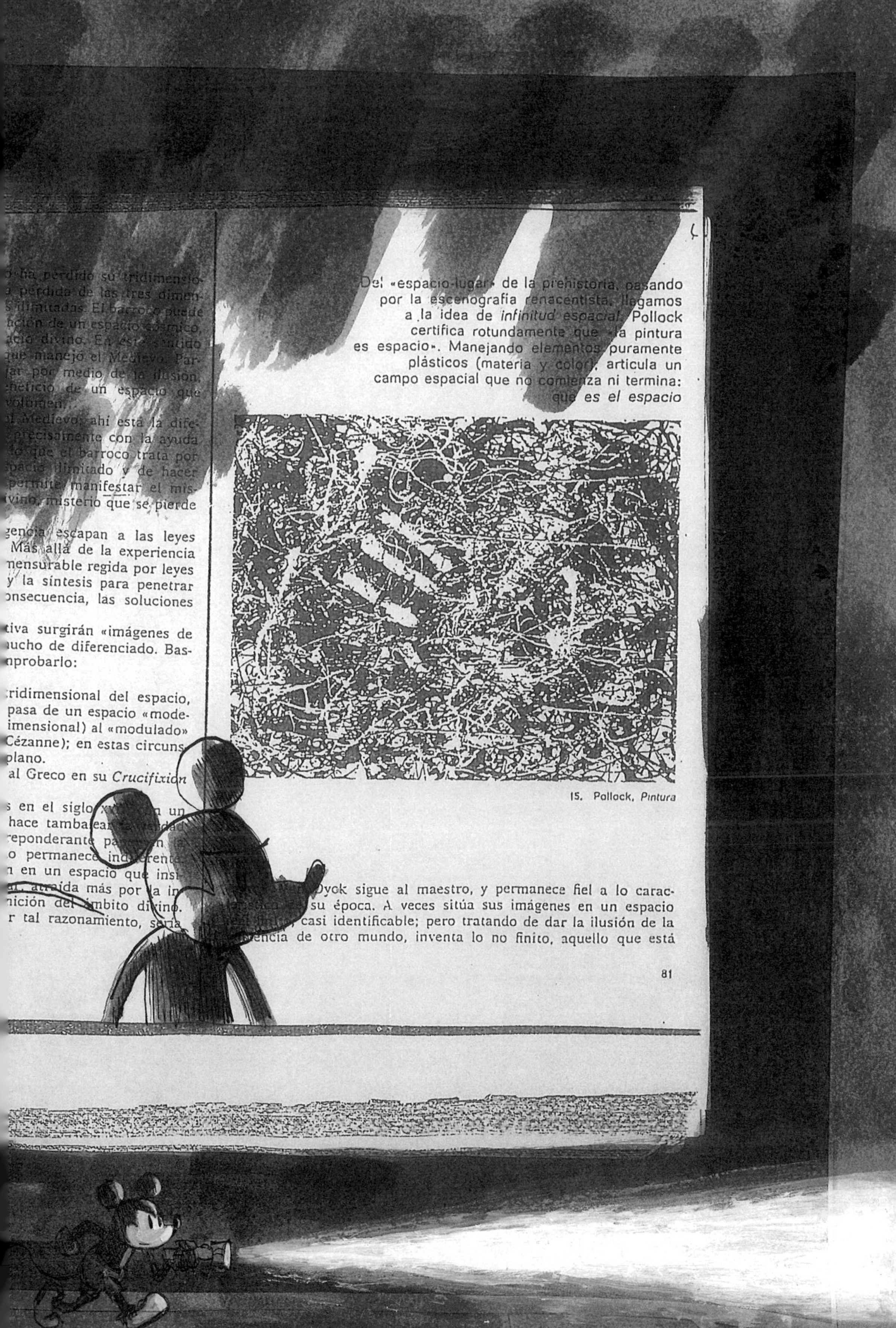

o ha perdido su tridimensio-
a pérdida de las tres dimen-
s ilimitadas. El barroco puede
ción de un espacio cósmico,
cio divino. En este sentido
que manejó el Medievo. Par-
jar por medio de la ilusión,
eneficio de un espacio que
volumen...
el Medievo, ahí está la dife-
precisamente con la ayuda
que el barroco trata por
pacio ilimitado y de hacer
permite manifestar el mis-
ivino, misterio que se pierde

gencia escapan a las leyes
Más allá de la experiencia
ensurable regida por leyes
y la síntesis para penetrar
onsecuencia, las soluciones

tiva surgirán «imágenes de
ucho de diferenciado. Bas-
probarlo:

ridimensional del espacio,
pasa de un espacio «mode-
imensional) al «modulado»
Cézanne); en estas circuns-
plano.
al Greco en su *Crucifixión*

s en el siglo XV... un
hace tambalear...
reponderante pa...
o permanece indiferente...
n en un espacio que insi...
, atraída más por la in...
nición del ámbito divino.
r tal razonamiento, se...

Del «espacio-lugar» de la prehistoria, pasando
por la escenografía renacentista, llegamos
a la idea de *infinitud espacial*. Pollock
certifica rotundamente que «la pintura
es espacio». Manejando elementos puramente
plásticos (materia y color), articula un
campo espacial que no comienza ni termina:
que es el espacio

15. Pollock, *Pintura*

Dyck sigue al maestro, y permanece fiel a lo carac-
su época. A veces sitúa sus imágenes en un espacio
casi identificable; pero tratando de dar la ilusión de la
encia de otro mundo, inventa lo no finito, aquello que está

81

Glauco Rodrigues (1929-).
Comferência Continental Americana pela Paz.
Gravura.

202

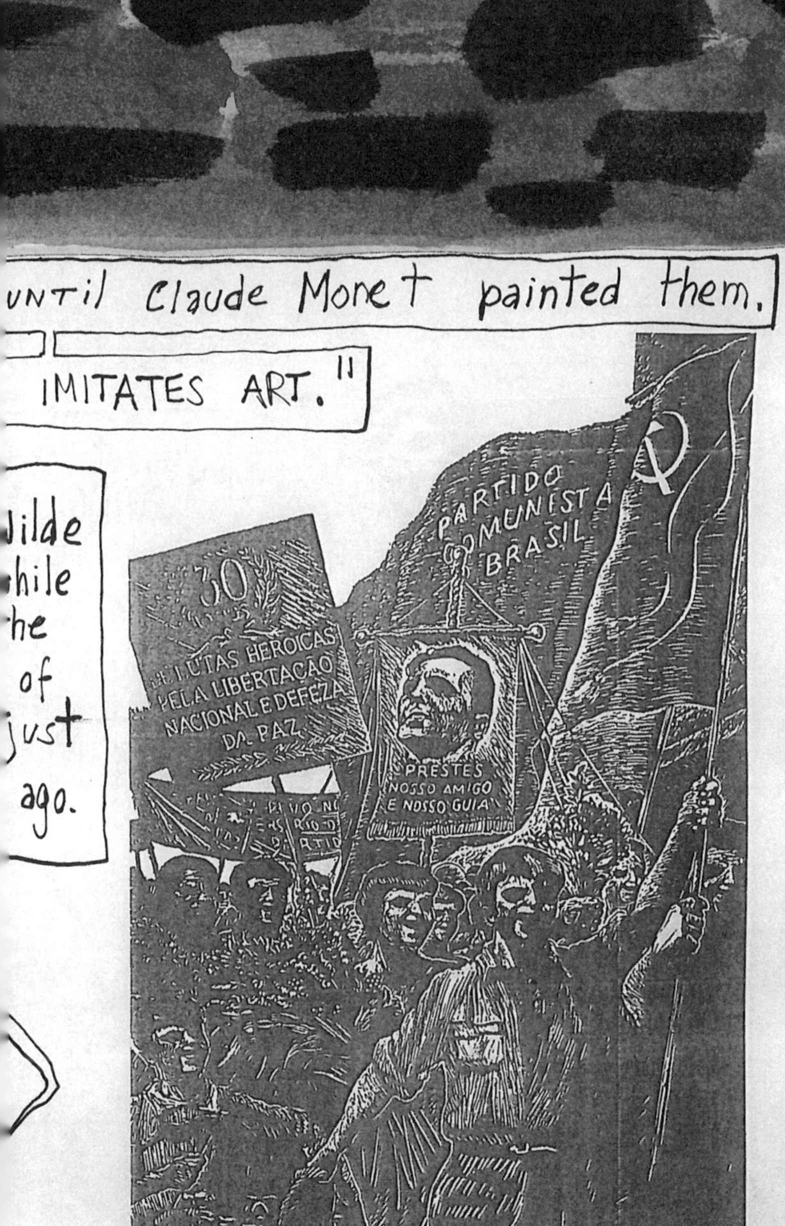

Vasco Prado (1914-).
1951, revista *Horizonte*, mar.-abr. 1952.

203

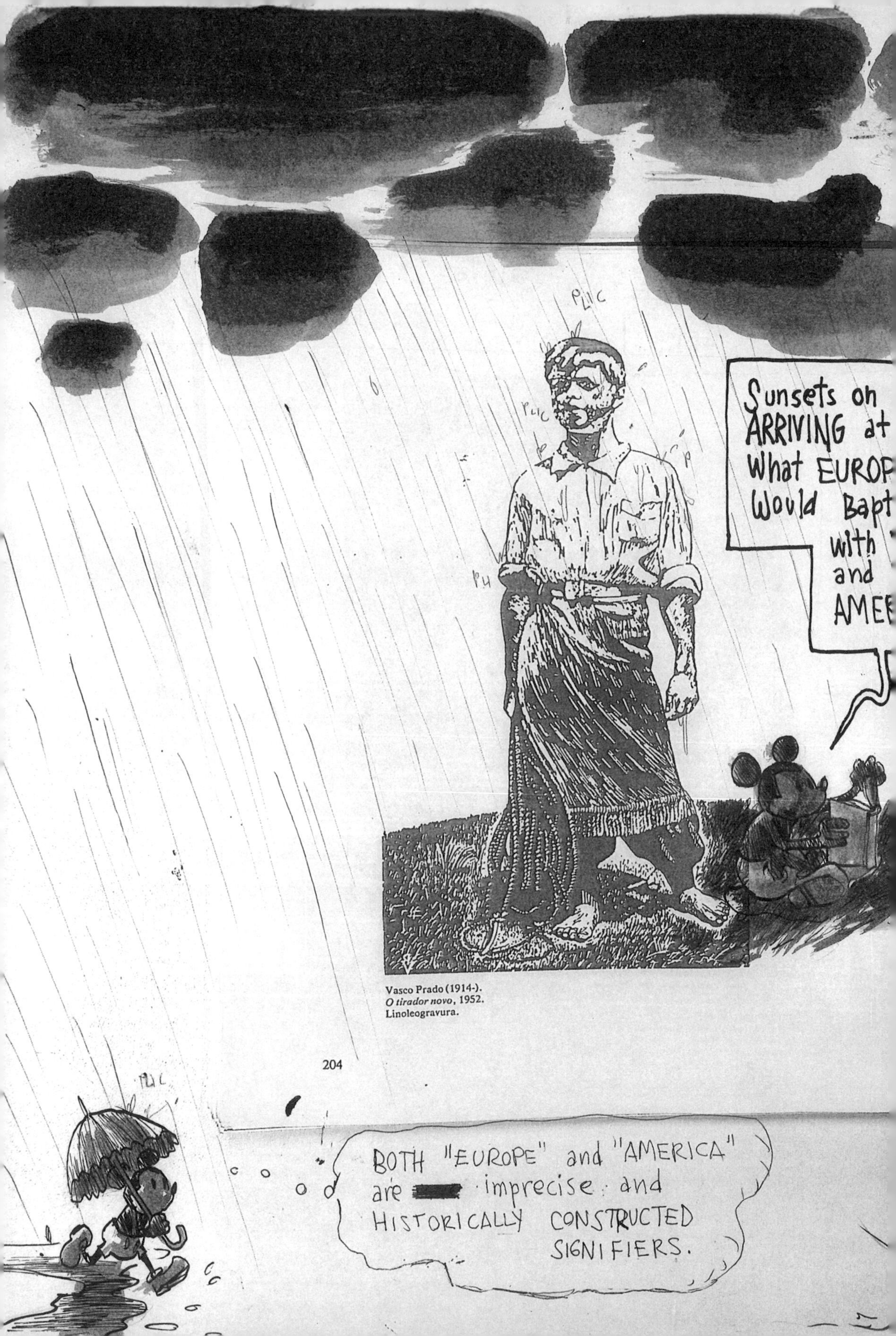

Vasco Prado (1914-).
O tirador novo, 1952.
Linoleogravura.

204

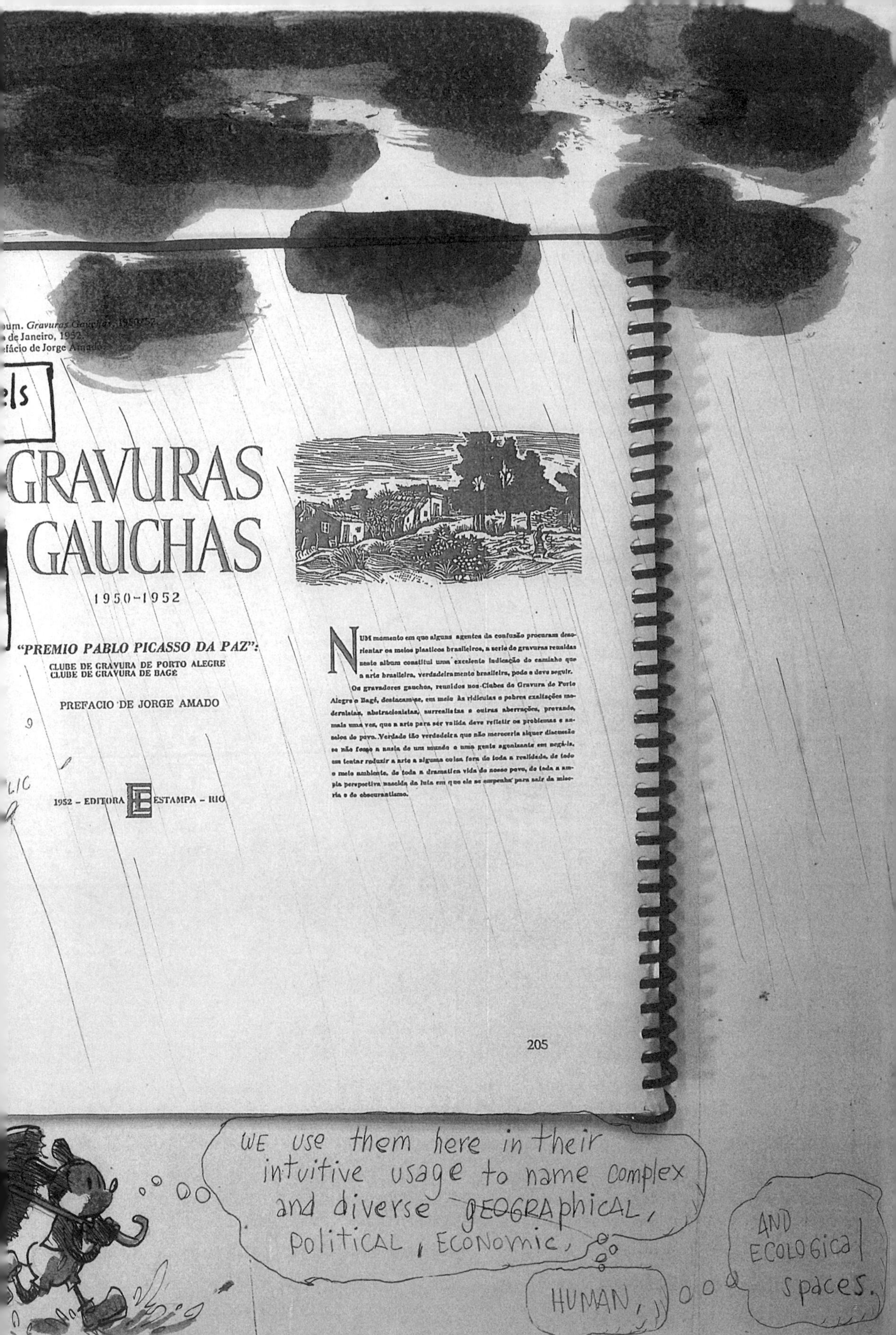
um. Gravuras Gauchas, 1950/52
de Janeiro, 1952
efácio de Jorge Amado

GRAVURAS GAUCHAS
1950-1952

"PREMIO PABLO PICASSO DA PAZ":
CLUBE DE GRAVURA DE PORTO ALEGRE
CLUBE DE GRAVURA DE BAGÉ

PREFACIO DE JORGE AMADO

1952 - EDITORA ESTAMPA - RIO

205

WE use them here in their
intuitive usage to name complex
and diverse GEOGRAPHICAL,
POLITICAL, ECONOMIC,
HUMAN
AND ECOLOGICAL spaces.

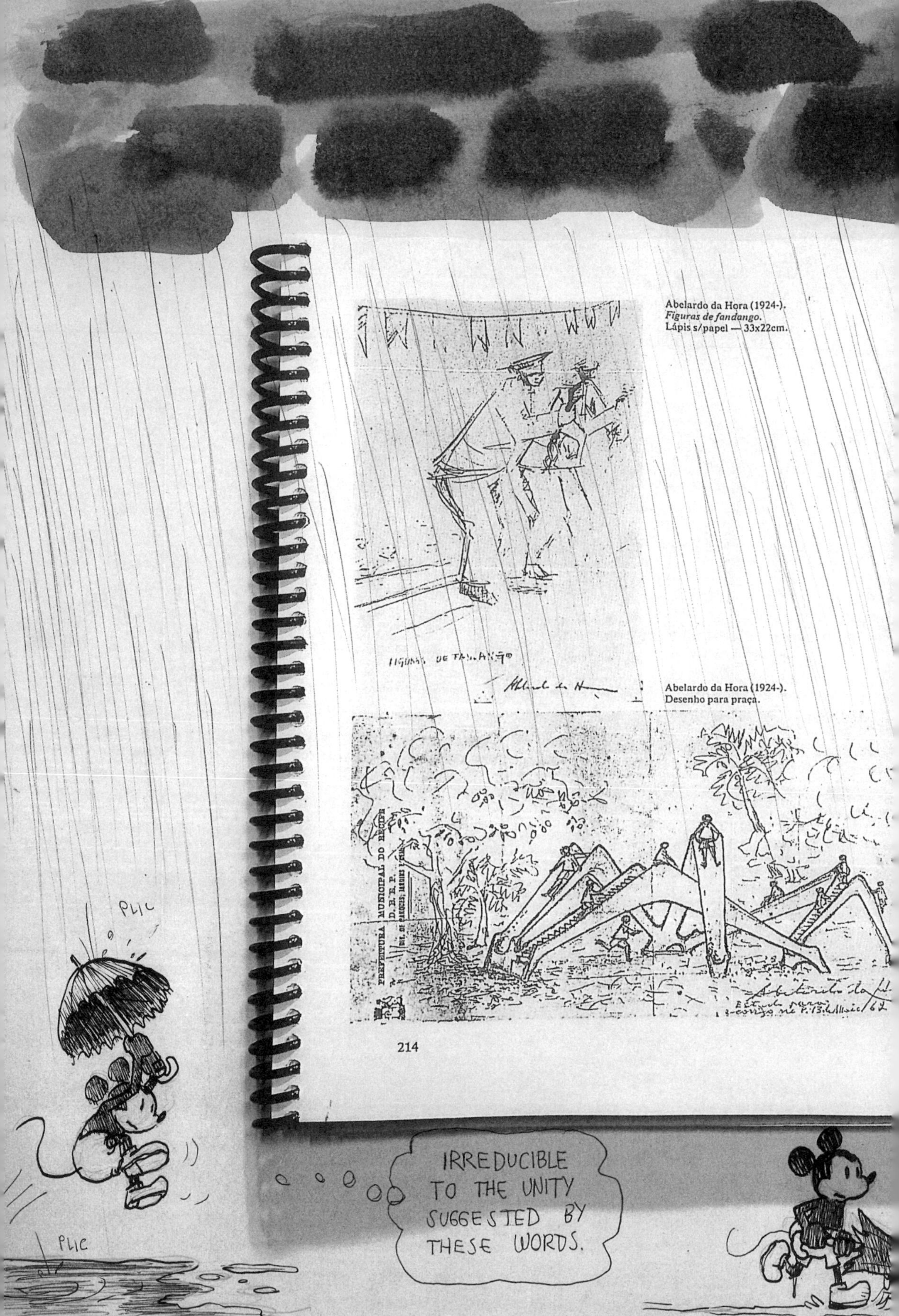

Abelardo da Hora (1924-).
Figuras de fandango.
Lápis s/papel — 33x22cm.

Abelardo da Hora (1924-).
Desenho para praça.

214

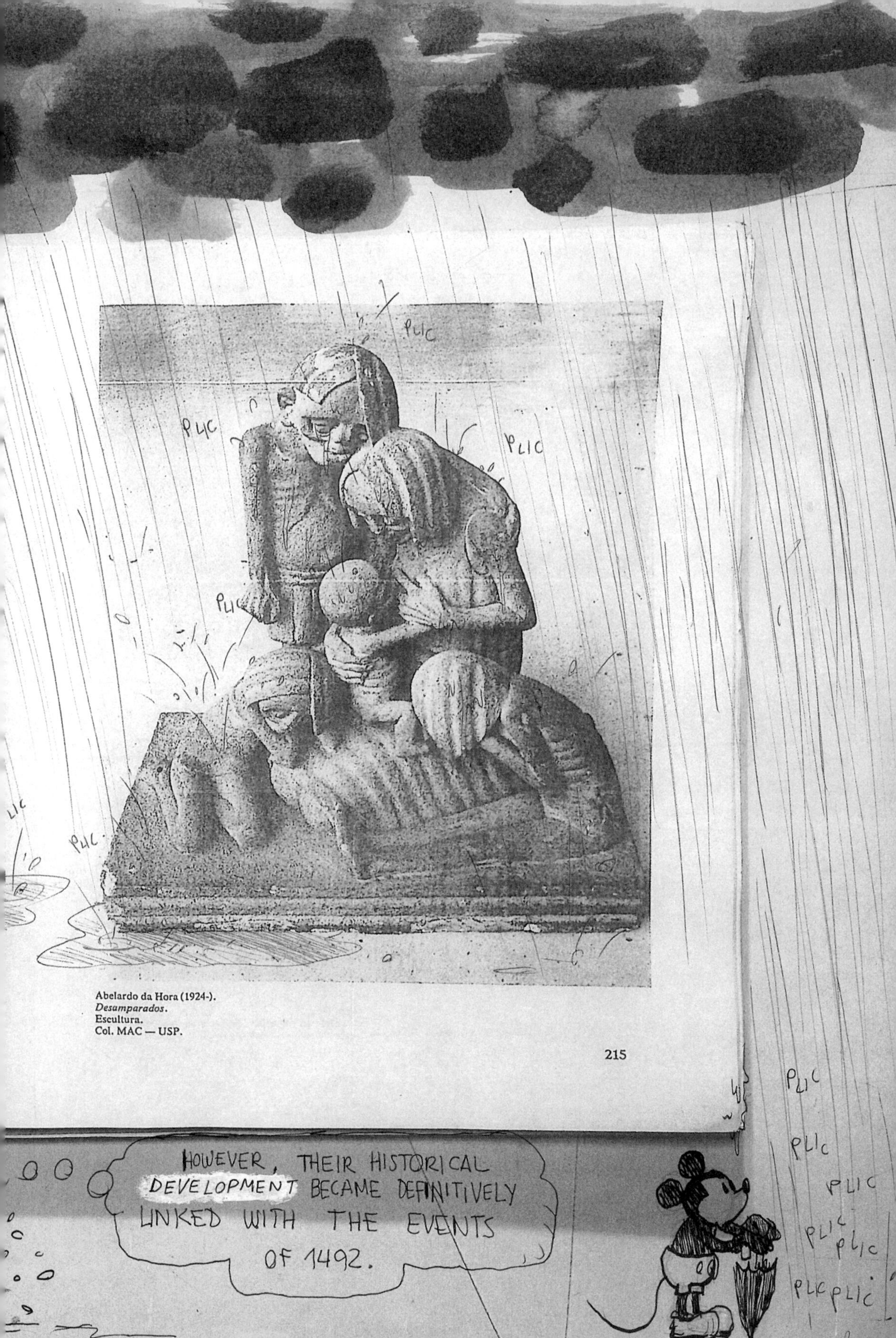

Abelardo da Hora (1924-).
Desamparados.
Escultura.
Col. MAC — USP.

215

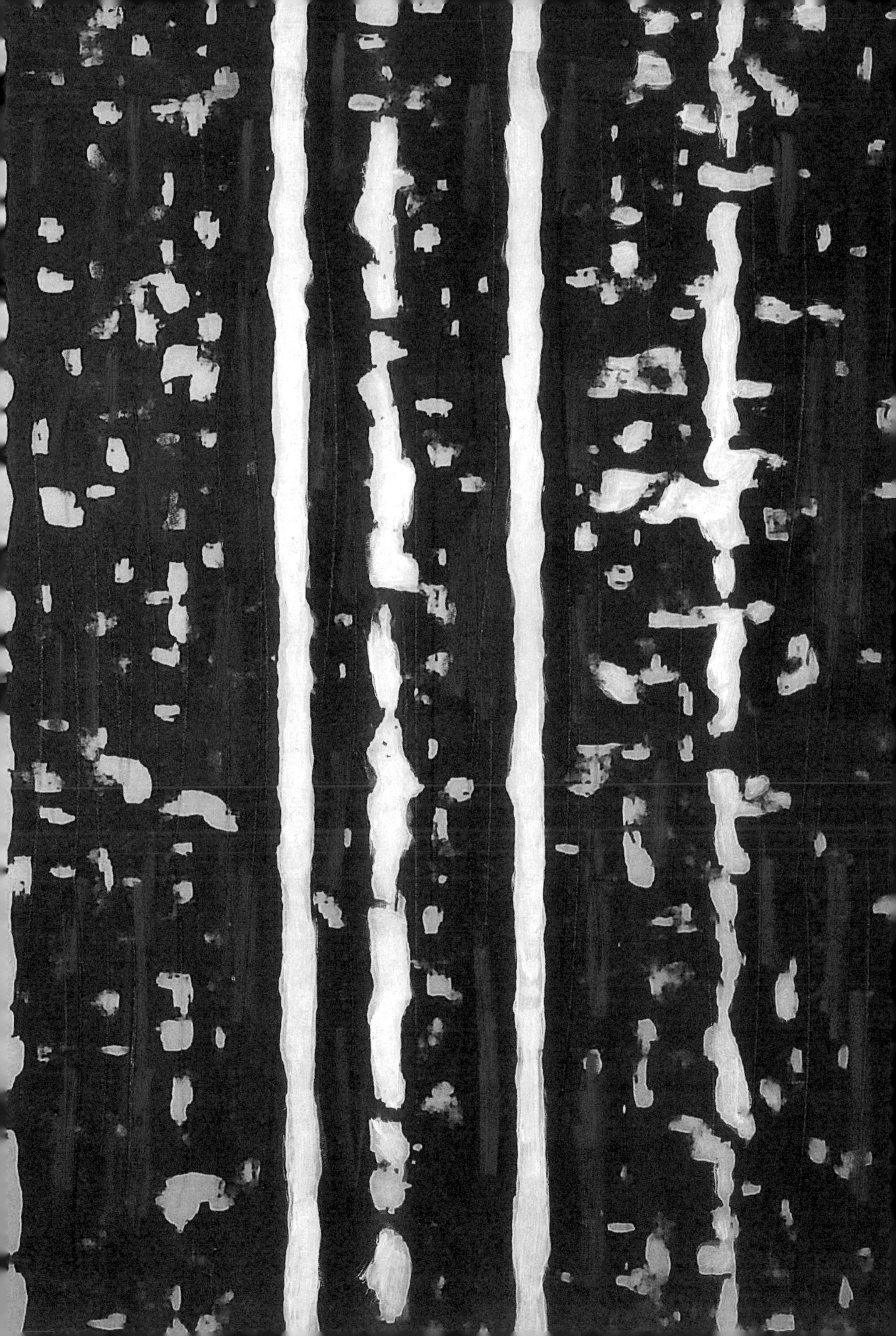

LITERATURA

O lado demonstrativo das contradiçoes

[corpo do artigo ilegível]

GERALDO FERRAZ

MUSICA

DE SÃO PAULO

AO MANGUE

[corpo do artigo ilegível]

FERNANDO MENDES DE ALMEIDA

BREVE:
"Questão Judaica ou Questão Social"
por
JOSÉ PEREZ

ARTE

Terella para outra
direção

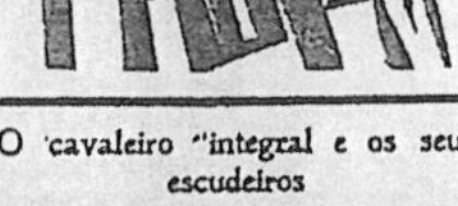

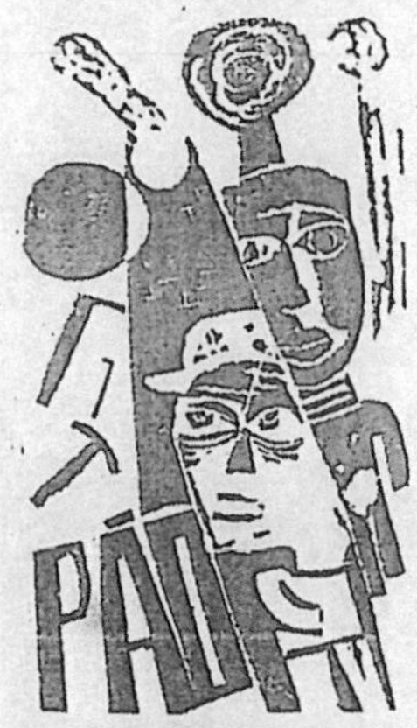

O 'cavaleiro "integral e os seus escudeiros

[corpo do artigo ilegível]

Agencia Bremen
Passagens

O Homem Livre.
São Paulo, 1933 (24 jul.).
Ilustração de Lívio Abramo.

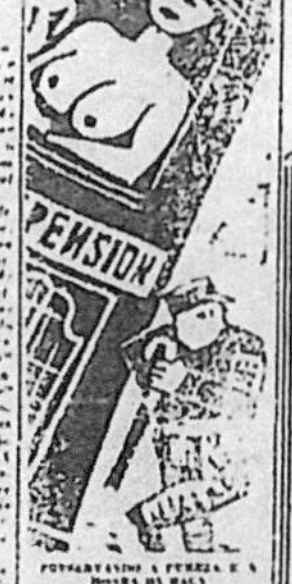

O HOMEM LIVRE

Um "bandeirante" á conquista de S. Paulo

Quem quer lutar contra o fascismo?

Que as organizações antifascistas respondam á nossa interpelação!

RAÇA E ÓDIO DE RAÇA

O Homem Livre.
São Paulo, 1933 (12 de set.).
Ilustração de Lívio Abramo.

"não vamos encontrar, como outrora, uma imagem virginal numa moldura de flores. É mais provável que se defronte com um torso nu que, em holocausto à grande querida liberdade, esteja voltando para cima a última seiva de uma vida sacrificada."[41]

A exposição de Belo Horizonte, contudo, não ocorreria sem incidentes, tendo sido "depredada pela reação política camuflada em polícia artística." Nesse recinto, José Moraes, que influenciaria pouco depois a formação de um punhado de jovens artistas gaúchos, em Bagé, quando em gozo de Prêmio de Viagem pelo País, "teve então rasgada a gilete uma natureza morta."[42]

A propósito dessas depredações, Dinah Silveira de Queiróz escreveria, surpresa, diante dos preconceitos, mais ou menos arraigados então entre nós, de que o amante do estilo, da forma, dos clássicos, é forçosamente um "fascista", um reacionário, politicamente falando. E que essa atitude, "tão dolorosa, revela tanto estreiteza de idéias, que só pode ser comparada com outra: a dos moços que se rebelam contra as obras do modernismo — como encarnação do 'comunismo'!" E se reporta ao acontecido em Minas: "Atitude tão condenável e odiosa, representada nas selvagens depredações da Exposição de Arte Moderna em Belo Horizonte."[43]

(41) Idem, ibidem.
(42) MORAES, J. "Gilete de Reação". *Leitura*, Rio de Janeiro, dez. 1945. J. Moraes trabalharia em 1945 com Santa Rosa e Athos Bulcão no mural realizado por Portinari na Capela de Pampulha. Além do trabalho de José Moraes, foram destruídos "Mendigo", de Santa Rosa, e "Atelier", de Milton da Costa. Ver: "Um começo de história", *Revista do Globo*, Porto Alegre, p. 47, 8 jun. 1946.
(43) QUEIROZ, Dinah Silveira de. "Arte e política". *Leitura*, Rio de Janeiro, (30), jun. 1945. Ao retornar a São Paulo, de volta da viagem a Minas, os artistas que participaram da caravana expõem a produção realizada na ocasião na Livraria Jaraguá, em mostra intitulada "Desenhos de Ouro Preto", com a participação de Graciano, Rebollo, M. Nóbrega, Malfatti, Volpi e Hilde Weber.

114

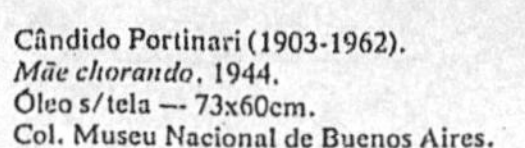

Cândido Portinari (1903-1962).
Mãe chorando, 1944.
Óleo s/tela — 73x60cm.
Col. Museu Nacional de Buenos Aires.

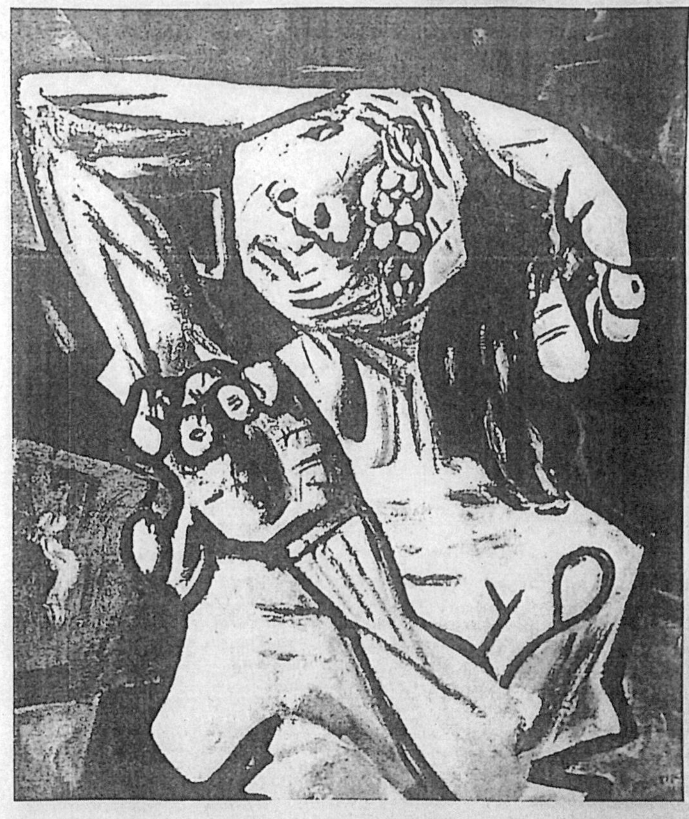

[...] como Phillip [...] puramente [...] referir-se-ia [...] o conteúdo [...] artistas [...] tentam fazer se [...] claro e inequívoco [...] um [...] mais desafios [...] parece [...] cinismo, e fazê-lo parecer com que este ou [...] um verdadeiro modelo de convencionalismo. A rudeza de Goya [...] vável, a menos que se procure por ela.' Ou ainda 'não há [...] Goya apoiasse ativamente qualquer esquema de protesto contra [...] estabelecida.' Mas é claro que Goya apoiava ativamente; na verdade, ele protesto[u] com a mais pungente, mais eficaz, e mais inesquecível acusação de [...] fanatismo religioso e patriótico que em tempo algum já foi criado por qualquer instrumento. Beleza? Sim, é belo, mas a beleza é inseparável de seu poder e seu conteúdo."[64]

Mas, de qualquer forma, a ambigüidade que a arte, através de todas as suas formas, adquire, escapa ao artista, embora ele participe dos canais para sua distribuição e consumo. E daí também a importância do artista buscar torná-la útil no efêmero momento de sua circulação. Do contrário, o artista por certo, participa, conivente do desligamento de sua produção de sua realidade.[65]

Ragon diz ainda que "o fato de que os artistas trabalhem exclusivamente para multimilionários e museus tem nos chocado como algo tão escandaloso, que impulsionamos todas as formas possíveis para a democratização da arte — trabalhos múltiplos, trabalhos que utilizam técnicas industriais, e portanto se tornam industrializáveis, trabalhos integrados com arquitetura contemporânea, escultura-arquitetura etc." Todavia, pouco adiante observa a duplicidade de caminhos existentes, ao dizer que "O múltiplo é a democratização da arte contra a socialização da arte. É reforma contra revolução."[66]

A proposta de "socialização da arte"

De qualquer forma, assumindo que a obra de arte é ineficaz como instrumento decisivo para a mudança de um regime social injusto, embora possa apoiar movimentos nesse sentido, percebendo a "má consciência" do artista, em particular a do latino-americano (dialogando com uma diminuta elite dominante num contexto de desigualdades chocantes, social e culturalmente falando), qual seria a saída para tentar reencontrar, em nosso tempo, em sociedades semi ou totalmente industrializadas, uma função social para a arte, que satisfizesse o criador ao mesmo tempo

(64) SHAHN, Ben. "The shape of content". Apud SHIKES, Ralph E., op. cit. (item 61), p. 28. E acrescenta: "Quem pode dizer quando um rosto em lágrimas se transforma numa linha vigorosa? E quem pode presumir saber que a linha poderia ter sido vigorosa à parte do rosto? Quem pode dizer que esta passagem de cor, aquele arranjo formal, este tipo de pincelada, poderia ter ocorrido se não fosse pela intensidade de convicção que o solicitou?"
(65) É o caso mencionado por Michel Ragon, quando se refere à arte que penetra num museu: depois que nele penetra, já é obra morta. Passa imediatamente a ser documento, mesmo se realizada na véspera, retirada da vista e passando para o reino da temporalidade. RAGON, Michel, op. cit. (item 26), p. 24.
(66) Idem, ibidem, p. 24-5.

que seu público se auxiliasse [...] meia dúzia [...]
que o cercam? Ou pelo menos [...] ampliar [...]
[...] rão de ação [...] do coletivo [...] lhe interlocut[...]
[...] mundo [...] que participa[...] bo?
Assim, port[...] essa pr[...]
contemporâneo: como [...] alho tenha [...]
com um público mais amp[...] [...] etir uma partic[...]
seu contexto social[...] eventualmente, a participação dessa obra para uma eventual
ou desejável mudança de sociedade.

Harold Rosenberg é bastante cético em relação a esses problemas em geral,
posto que cons[...] ra que a arte não pode transformar as condições de sua própria
existência. A luta para preservar o contato direto entre o artista e o espectador,
contudo, prosseguirá de uma maneira ou outra. *Epater les bourgeois* pode ser mais
fácil do que exorcizar o historiador de arte."[67]

O primeiro dos problemas mencionados, o da comunicação com o público,
assim como o da participação, ou seja, a questão de como romper o isolacionismo da
arte e da arte em relação a seu contexto, remetem-nos, de imediato, ao período de sua
formação como mentalidade — visão de mundo — e como profissional. Daí por que o
crítico francês Pierre Gaudibert menciona como fundamental "um vasto campo
no qual um valioso trabalho poderia ser feito por educadores, artistas e estudantes de
arte; uma conscientização de suas responsabilidades sociais poderia trazer novas
forças a esta cruzada cultural e, ao mesmo tempo, permitir-lhes encontrar seu lugar
na sociedade e a oportunidade de um *status*."[68]

Na realidade, para escapar ao elitismo vicioso representado pelos meios artís-
ticos vinculados às classes dominantes, o único caminho parece ser, na realidade, o
da "socialização da arte", entendida como uma possibilidade de estender a muitos a
oportunidade de se iniciarem no fazer artístico e, assim, estarem aptos a fruir do
prazer estético diante da produção de arte. Em conseqüência se poderia inclusive
pensar, como o diz Garcia Canclini, que a "mudança de função das artes visuais não
pode ser somente assunto de artistas ou grupos de artistas. Deve incluir: 1) trans-
formações radicais nas instituições dedicadas a formar artistas; 2) a inserção ativa e
crítica dos artistas, críticos e intelectuais nas instituições ocupadas com a produção e
circulação da arte (museus, casas de cultura, meios de comunicação de massa etc.);
3) a construção de canais alternativos de produção e distribuição [...] a organizações populares (partidos políticos, sindicatos, associações de [...], reivindi-
cando delas uma atenção específica, não imediatamente pragmática, em relação ao
valor do trabalho cultural."[69]

Refletindo sobre uma proposta concreta nessa direção, Canclini reconhece que,
mesmo pensando em termos de América Latina, um programa artístico estatal

(67) ROSENBERG, Harold. "The art object and the esthetics of impermanence". In *The anxious object*,
op. cit. (item 23), p. 79. E diz ainda no mesmo trecho: "A impermanência do objeto artístico surgiu como
arma do artista em relação à arte como uma proposta intelectual para idéias não mutáveis. Hoje, contudo,
a impermanência se tornou um artifício estilístico, ansiosamente apreciado em termos de precedentes
estéticos. Detritos, jornais velhos, trapos — o efêmero simbolizando o momento de visão quando qualquer
coisa à mão é suficiente para excitação estética — são embalsamados em bronze ou plástico para proteger
os trabalhos compostos com eles do desgaste do tempo."
(68) GAUDIBERT, Pierre. "The cultural world and art education". In: *ART AND CONFRONTATION:
the arts in an age of change*. New York, Graphic Society, p. 147.
(69) CANCLINI, N. G., op. cit. (item 3), p. 72.

preocupado com o problema seria fatalmente diferente nos países do cone sul, Venezuela ou México. E coloca em três níveis — participação, resistência e liberação — o objeto de uma arte de preocupação social: "Se estivesse na Argentina, ou em qualquer lugar do cone sul, caso pudesse falar deste tema, centrar-me-ia não numa arte de participação, mas de resistência e liberação. Mas há países latino-americanos nos quais é possível e urgente elaborar estratégias que culminem nos três níveis de ação citados."[70]

Para Ricardo Carpani, argentino fundador do Movimento Espártaco (1959), um dos raros artistas que se mantém através do tempo preocupado permanentemente com a função social e revolucionária da arte e, como teórico (além de artista), autor de várias reflexões sobre o assunto, à conscientização do artista se seguirá quase que inevitavelmente uma tomada de posição definida: "No terreno específico da arte, o artista e a consciência" — escreve ele — "do caráter colonizado da realidade artística 'oficial' implica, por si só, um princípio de desenvolvimento de sua consciência revolucionária que o leva a rebelar-se. E esta rebelião não pode deixar de adquirir um caráter político."[71]

O que é imprescindível para Carpani é "impulsionar a imaginação e criatividade popular a partir da base mais sólida possível." Isso não significa absolutamente, segundo ele, "desenvolver um trabalho 'culturalista', promovendo o surgimento de 'artistas populares'; mas sim, simplesmente, intensificar, desde as bases, a incorporação das artes plásticas à luta política revolucionária." Assim, a "socialização da arte" deve ser um instrumento a mais no aprimoramento da sensibilidade individual, para sua conscientização dos problemas do coletivo. Faz, porém, uma reserva: que nessa iniciação às artes para todos, "essas instâncias organizativas de base sejam de preferência integradas por militantes e trabalhadores sem nenhuma experiência anterior de caráter plástico." E explica por quê: "Considero este último aspecto fundamental, já que aponta para a desmistificação da atividade criadora de imagens (a arte) como patrimônio exclusivo de indivíduos excepcionais especialmente dotados (os artistas) e ajuda a generalizar na experiência prática a convicção de que a possibilidade criativa artística é inerente a qualquer ser humano, pelo simples fato de ser um ser humano."[72]

Garcia Canclini, por sua vez, próximo do pensamento de Carpani, considera que, embora "a prática socializada da arte seja um instrumento para suscitar a consciência e a ação revolucionárias", a mudança de função, como diz ele, das artes visuais "depende do conjunto da sociedade. É preciso que os artistas imaginem novas obras e experiências, que redefinam seu ofício e seu modo de vincular-se com os receptores; mas é indispensável, também, que se forme um novo público, não apenas pela ação da arte, como pela modificação sistemática de todos os meios de sensibili-

(70) Idem, ibidem, p. 73. E acrescenta que na vida contemporânea "vivemos uma etapa em que devemos revisar muitas discussões para as quais acreditávamos ter respostas, abrir outras, imaginar com audácia possibilidades que nos tirem da inutilidade quase total das artes visuais na América Latina."
(71) CARPANI, Ricardo. "Dependência colonizada ou soberania popular na arte latino-americana". *Comunicação*: ENCONTRO DE INTELECTUAIS PELA SOBERANIA DOS POVOS DE NOSSA AMÉRICA. Havana, set. 1981, publicado no Brasil em antologia reunindo trabalhos apresentados na ocasião sob: PEIXOTO, Fernando, org. *Cuba 1981: encontro de intelectuais pela soberania dos povos de nossa América*. São Paulo, Hucitec, 1982, p. 157.
(72) Idem, ibidem, p. 164.

do visual." Não se detém aí uma forma eficaz de repensar a arte: "Devemos reorganizar as instituições de difusão cultural e o ensino artístico, construir outra crítica e outra história (social) dos processos estéticos para que os objetos e métodos que encerramos nas vitrinas da arte se recoloquem na vegetação de fatos e mensagens visuais que hoje ensinam as massas a pensar e a sentir."[73]

Uma nova mentalidade da crítica parece — a nosso ver — fundamental para que esse processo possa ocorrer no futuro. Talvez mesmo isso implique o surgimento de uma nova geração de críticos, não mais preocupados exclusivamente em observar do ponto de vista literário ou formal um objeto artístico, mas ele inserido em seu contexto social. Durante muito tempo, o mundo ocidental ficou preso ao formalismo como a alternativa mais desejável — principalmente nos países anglo-saxônios — para a leitura da arte. Conforme nos lembra Rosenberg, foi no caráter efêmero da arte, enfatizado por Marcel Duchamp, que se assentou a seqüência dos "ismos" ou de tendências desenvolvidas em nosso tempo.

Por outro lado, esses "ismos" não deixaram de ser, em seu surgimento e eclipse, estimulados pela própria crítica, ávida de novidades formais e, nesse aspecto, veiculadora de algo comparável à obsolescência planejada de nossa contemporaneidade industrial e que é, simultaneamente, indício claro de que "arte moderna", para muitos, pode ser identificada com o progresso na arte. Essa postura está bem explícita, por exemplo, em Herbert Read quando, no prefácio de sua *História da pintura moderna*, esclarece não incluir em seu trabalho os autodidatas nem a escola mexicana contemporânea. Os primeiros por neles não ver "uma tendência da arte de nossos dias", porém um fenômeno sempre observável ao longo da história da arte (embora sem atentar para as razões do reconhecimento desses artistas em nosso tempo, aberto, mais que outros, a partir do século XIX, ao dado popular), e a segunda por ter adotado "um programa propagandístico para a sua arte, o que me parece colocá-la fora da evolução estilística, que é a minha preocupação exclusiva."[74]

Referindo-se ao movimento e à mostra *Tucumán arde*, de 1968, como de significação "clara, ineludível e perturbadora" como uma atuação de artistas, o artista argentino León Ferrari, um dos participantes, considera que não houve tempo para que o grupo pudesse desenvolver uma linguagem nem "para", nem "com", nem "desde" o povo explorado. De qualquer forma, segundo ele, o evento permanece historicamente como o documento de um momento em que os artistas se voltam decididamente contra a "vanguarda" e o circuito usual de veiculação da obra de arte, corporificada nas elites intelectuais do Instituto Di Tella.

Em meio à contundência das várias exposições participantes do momento político-social da Argentina, um dado emerge com bastante clareza: o da preocupação da comunicação da obra de arte, item sempre enfatizado nos períodos de desejo de integração da arte com a problemática social. Ferrari mesmo o expressou, ao dizer que se pode resumir dizendo "que o público condiciona de tal forma o artista, que a obra é um produto de ambas as partes: o público é co-autor da obra."[75]

(73) CANCLINI, N. G., op. cit. (item 3), p. 74.
(74) READ, Herbert. *História da pintura moderna*. Trad. Álvaro Cabral. Rio de Janeiro, Zahar, 1980, p. 6.
(75) FERRARI, León. "Tucuman arde — respuesta a un questionario". Trad. A. A., Buenos Aires, s.ed., 1973 (inédito). Mas enfatiza que " 'Tucuman arde' se propôs construir uma nova linguagem com outro público, com outro co-autor: o explorado."

En 1955 De Staël se suicidó arrojándose al vacío en Antibes. Contaba cuarenta y un años de edad.

Su influencia fue considerable sobre todo entre 1952 y 1960; sus estudios sobre la síntesis, que eran más preguntas acerca de la pintura que problemas de estilo, marcarán tanto a los figurativos del Salón de la Pintura Joven como a los paisajistas abstractos, pero por razones muy distintas. Debido a sus efusiones panteístas, su obra se acerca asimismo al orden lírico de los *Nenúfares* de Monet, del que Sam Francis y Tal Coat nos ofrecen otros puntos de referencia. Más analítica, la pintura de James Guitet, al principio muy materista, desembocó en un naturalismo abstracto austero y desnudo, después más coloreado, que, al desprenderse progresivamente de la naturaleza, ganó en profundidad y en rigor.

Bellegarde y su período blanco (1954-1960), en búsqueda de una luz interior que elimina toda forma, se sitúa en una corriente cuyos protagonistas serán reagrupados en 1957 por Restany con la exposición *Espacios imaginarios*. En ella Bellegarde coincidirá con el italiano Bertini, los alemanes Halpern y Brüning y el austríaco Hundertwasser.

Preso en un exhibicionismo obsesivo, este último es una de las personalidades originales de la época. El proceso de creación se identifica en él con un lento fenómeno de desenrollamiento y enrollamiento espiroidal mediante estratificaciones, símbolo de sí yo profundo en ósmosis con el mundo. Aquí el artista se solaza alimentándose con abundantes imágenes cuya sucesión se incorpora al esquema estructural de base. La obra entera de Hundertwasser es un diario íntimo a distintos niveles.

Entre 1955 y 1960 una nueva corriente viene a sumarse al panteísmo cósmico: la de los *nuagistes*, en la que figuran Graziani, Laubiès, Duvillier y Benrath.

La supresión de la perspectiva naturalista en íntima comunión con los fenómenos naturales y la búsqueda de una densidad afectiva del espacio caracterizan la obra de tres pintores abstractos líricos: Olivier Debré, Messagier y el canadiense Riopelle. En 1950-1953 Debré, cuyas investigaciones estructurales se habían aproximado a las de De Staël, pinta varias versiones de *Signo-Personaje*, muy embastadas, antes de dedicarse casi exclusivamente al espacio del paisaje, lugar de encuentro de sus sensaciones, captadas directamente de la naturaleza, y un pensamiento atento al conocimiento pleno y exacto. A partir de 1949-1950 Messagier pasa, con su *Nacimiento de los valles* (colección J. Putman, París), de una naturaleza vista a una naturaleza concebida, frontal, sin estructura ni perspectiva, en la que todo es luz y movilidad. Después su pintura se va reduciendo progresivamente a una sucesión de gestos, cuyos trazos, flexibles y alargados a la vez, se enlazan formando amplios arabescos. Riopelle, que en 1949 renuncia al pincel para adoptar el cuchillo, pinta inmensos campos de fantásticos mosaicos, sumidos en la lluvia y marcados por violentas agresiones.

Degottex abandona en 1954 la caligrafía lírica emparentada con la tradición zen para crear una obra mucho más interiorista marcada por series sucesivas en las que sustituyó el efecto de choque por lentas maduraciones, la experimentación del gesto en función de elementos materiales del espacio, el soporte, el peso del cuerpo y el vacío. Así consigue elaborar un lenguaje de aprehensión universal basado en la concentración apasionada y ascética del signo traductor del ser humano. Vieira da Silva combina alusiones y referencias figurativas con inextricables amasijos de formas cuyas perspectivas huidizas abren, cierran o hacen bascular el espacio, pero el gesto no es, como en los abstractos líricos, apropiación de la totalidad espacial. Poliakoff descompone la tela en conjuntos de colores con materiales sutilmente diversificados que escapan de la rigidez geométrica, mientras que Bram van Velde, formado en el ambiente del expresionismo nórdico, describe los meandros de una escritura ancha y gruesa cargada de color, un color-materia carnal cuyos movimientos se repliegan en ocasiones sobre ellos mismos para formar lazos compactos. De origen chino, Zao Wou-Ki, residente en París desde 1948, ha conseguido resolver los antagonismos entre los esquemas tradicionales del arte de Extremo Oriente y la libertad creadora, que le sugiere grandes paisajes informales, etéreos, fluidos, poblados de signos y realzados por torbellinos.

La reacción realista

Si la lección de Nicolas de Staël interpretada como un regreso a la figuración y, en consecuencia, como justificación de una perspectiva estructural opuesta al lirismo abstracto, inspiró a gran número de jóvenes pintores, la corriente que suscitó podría confundirse con las manifestaciones, torpes o vulgares, que se jactaban de representar el realismo frente a la inflación abstracta: realismo socialista, Salón de la Pintura Joven, Salón de los Pintores Testigos de su Tiempo, premio de la crítica...

A partir de la figura humana, diversas individualidades aisladas encuentran las vías de un realismo ajeno a los compromisos, las imitaciones y los

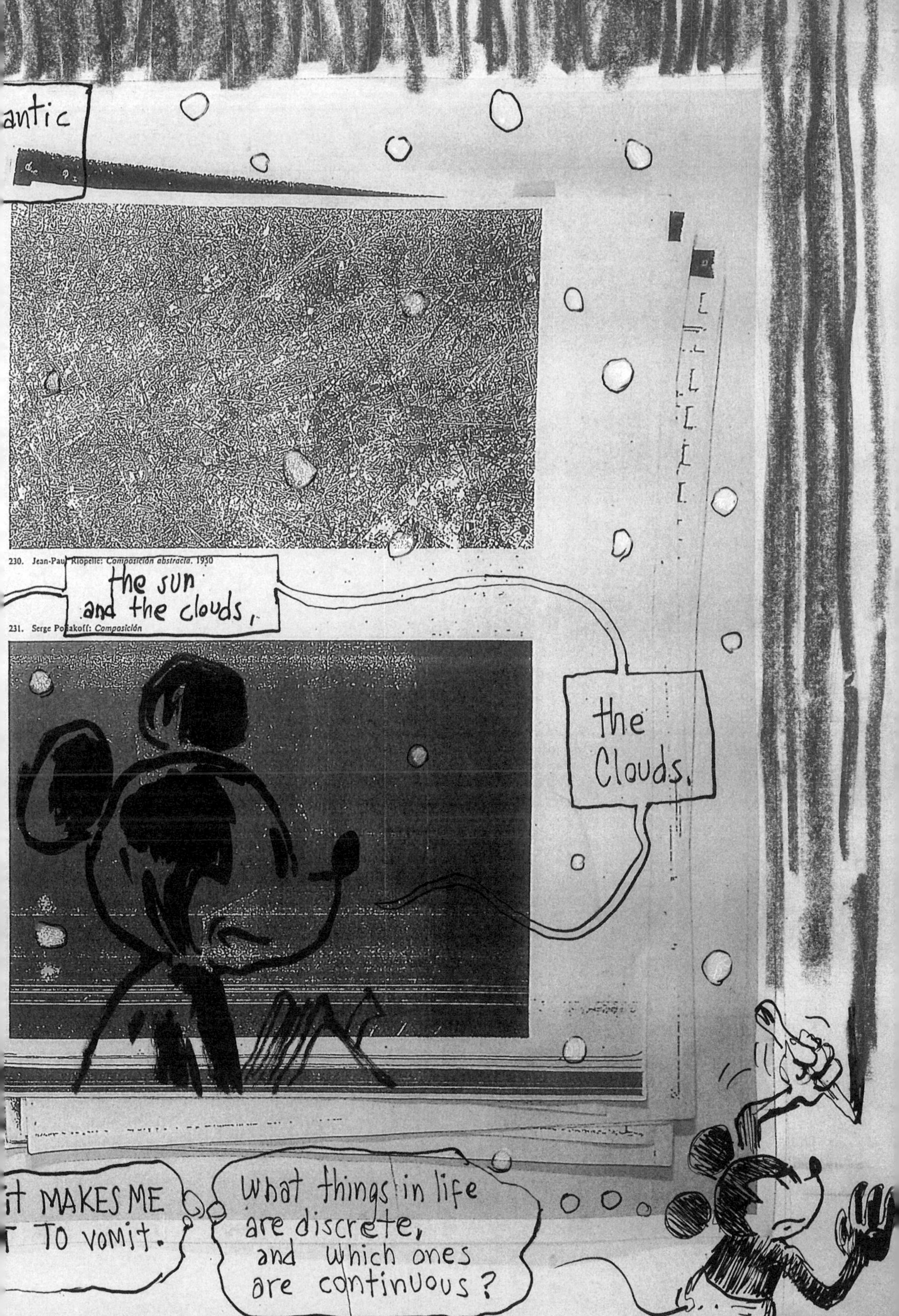
antic
230. Jean-Paul Riopelle: Composición abstracta. 1950
the sun
and the clouds,
231. Serge Poliakoff: Composición
the Clouds.
IT MAKES ME
T TO VOMIT.
What things in life
are discrete,
and which ones
are continuous?

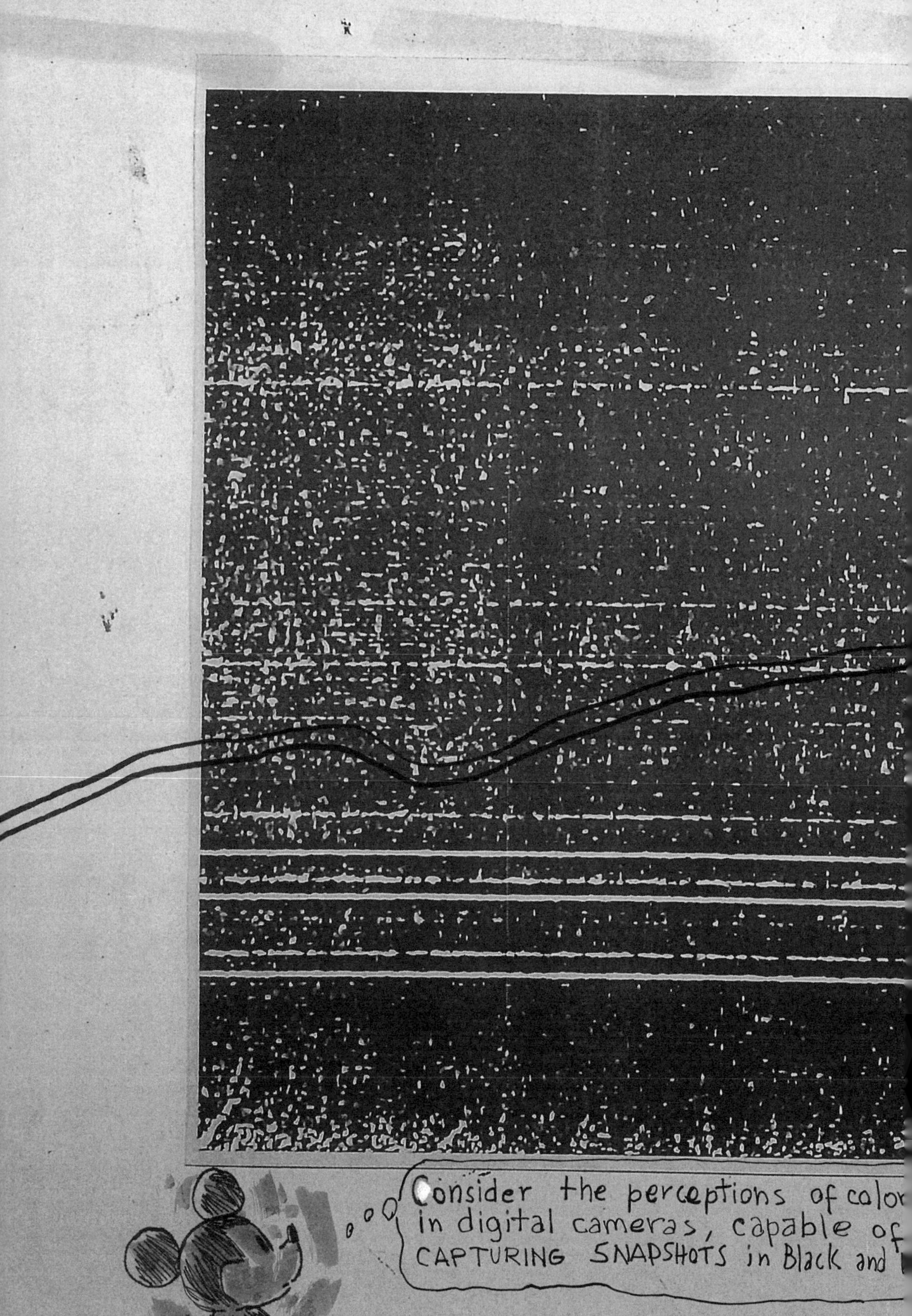
Consider the perceptions of color
in digital cameras, capable of
CAPTURING SNAPSHOTS in Black and

The clouds.
while highlighting in color
only those objects
of pRedetermined HUE.

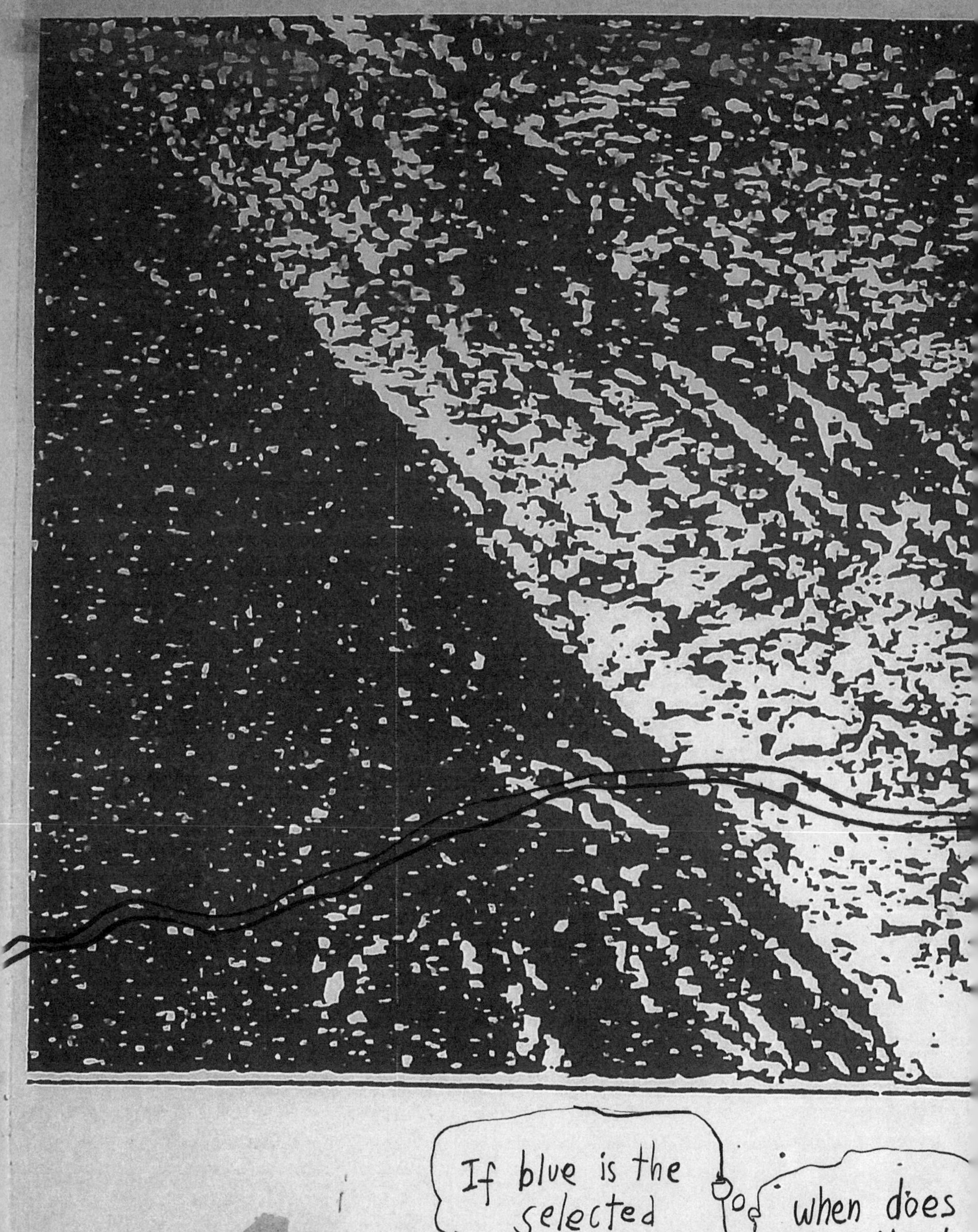
If blue is the selected tone,
when does an .object

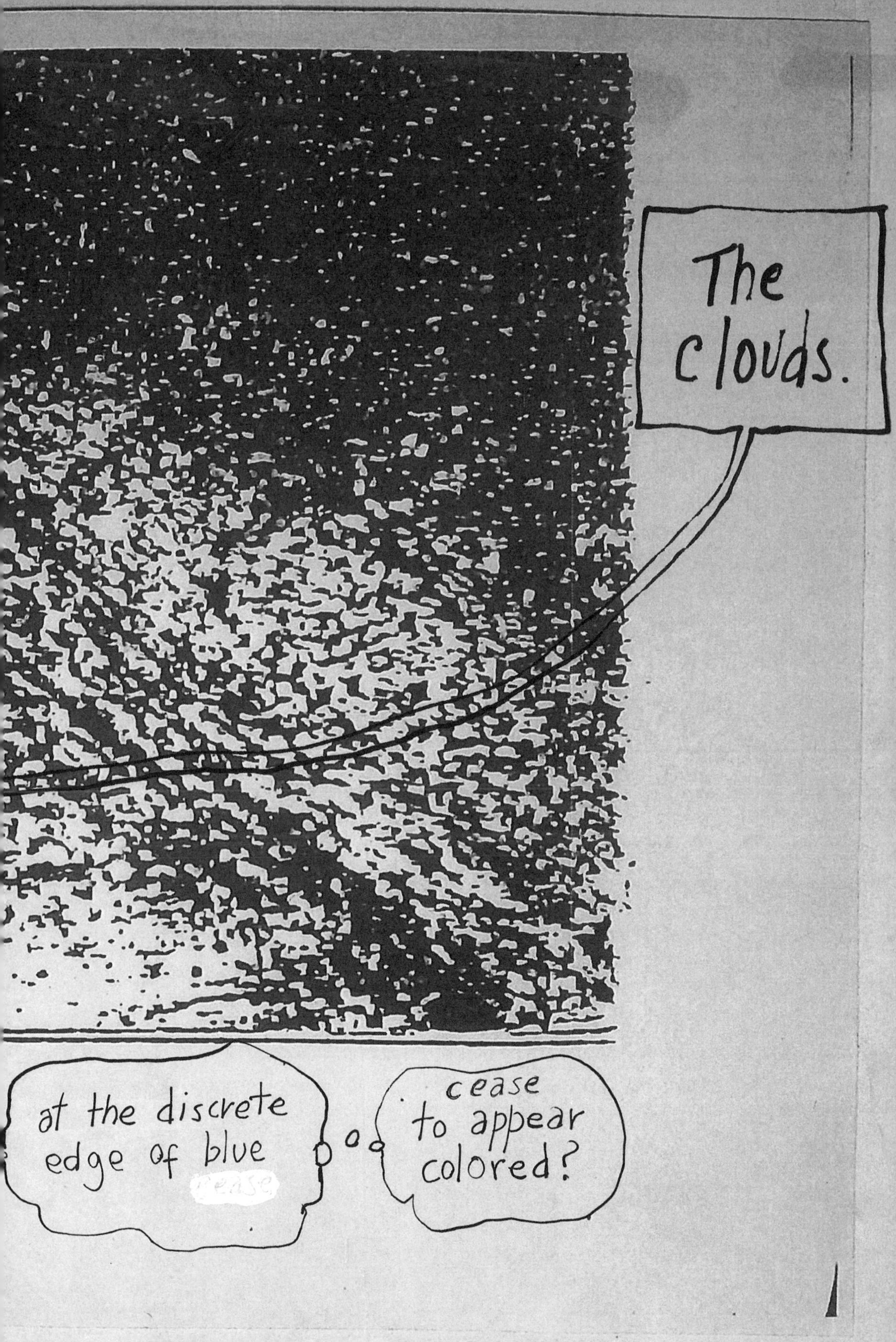

The clouds.
at the discrete edge of blue
cease to appear colored?

Reality is discrete.

(A variable is continous if there are infinitely many values between any two points, as in the case, for example, with Real NUMBERS.

In contrast,

a variable is discrete when there are successive values without any in-between values).

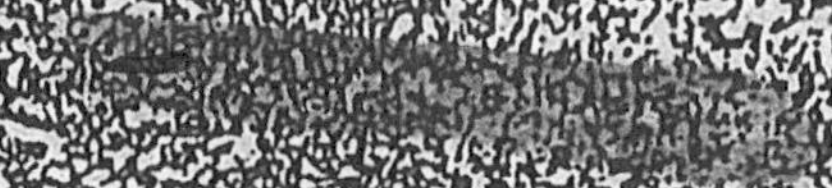

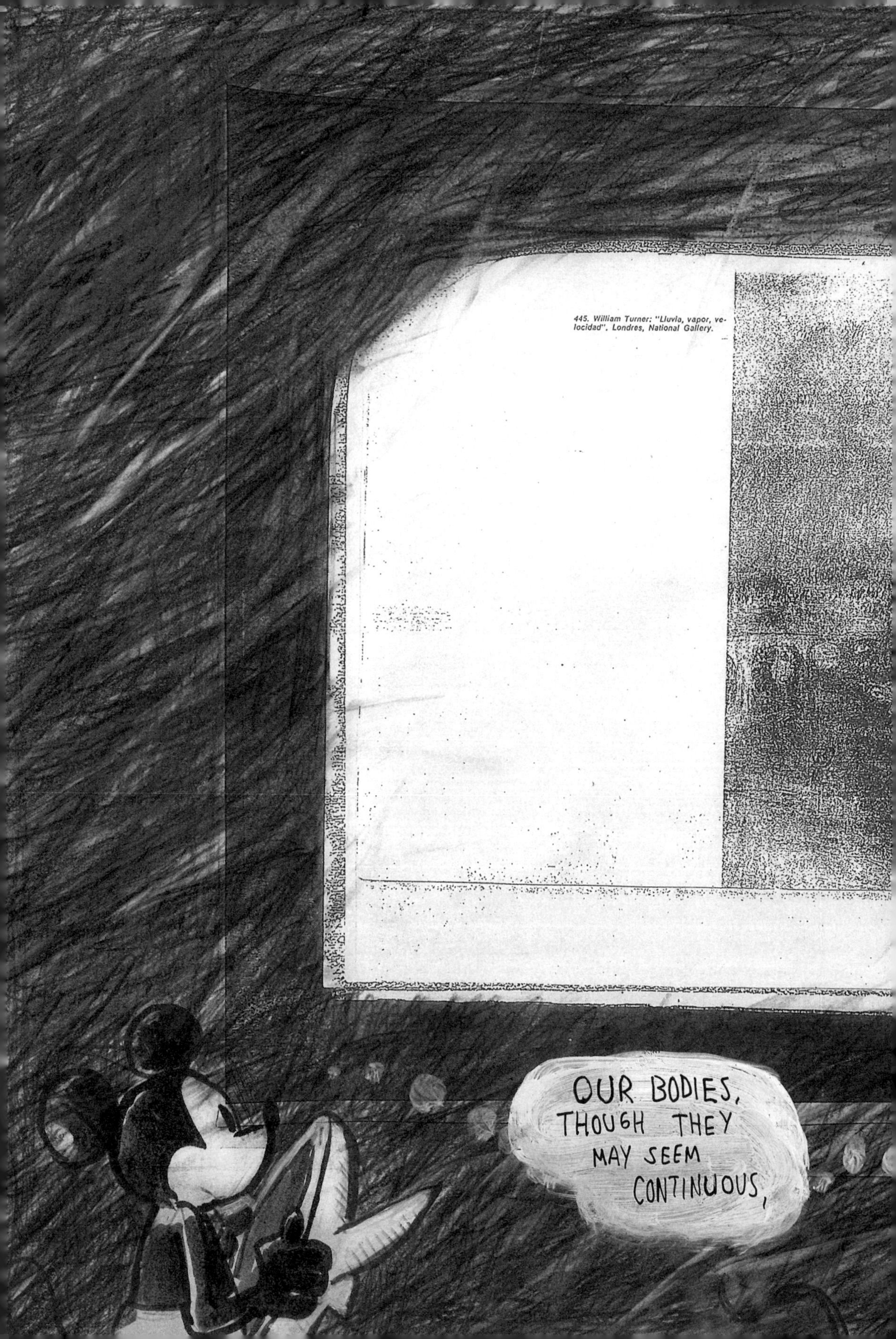

445. William Turner: "Lluvia, vapor, ve-
locidad". Londres, National Gallery.

ARE
DISCRETE.

IT IS
WHAT
IT IS.

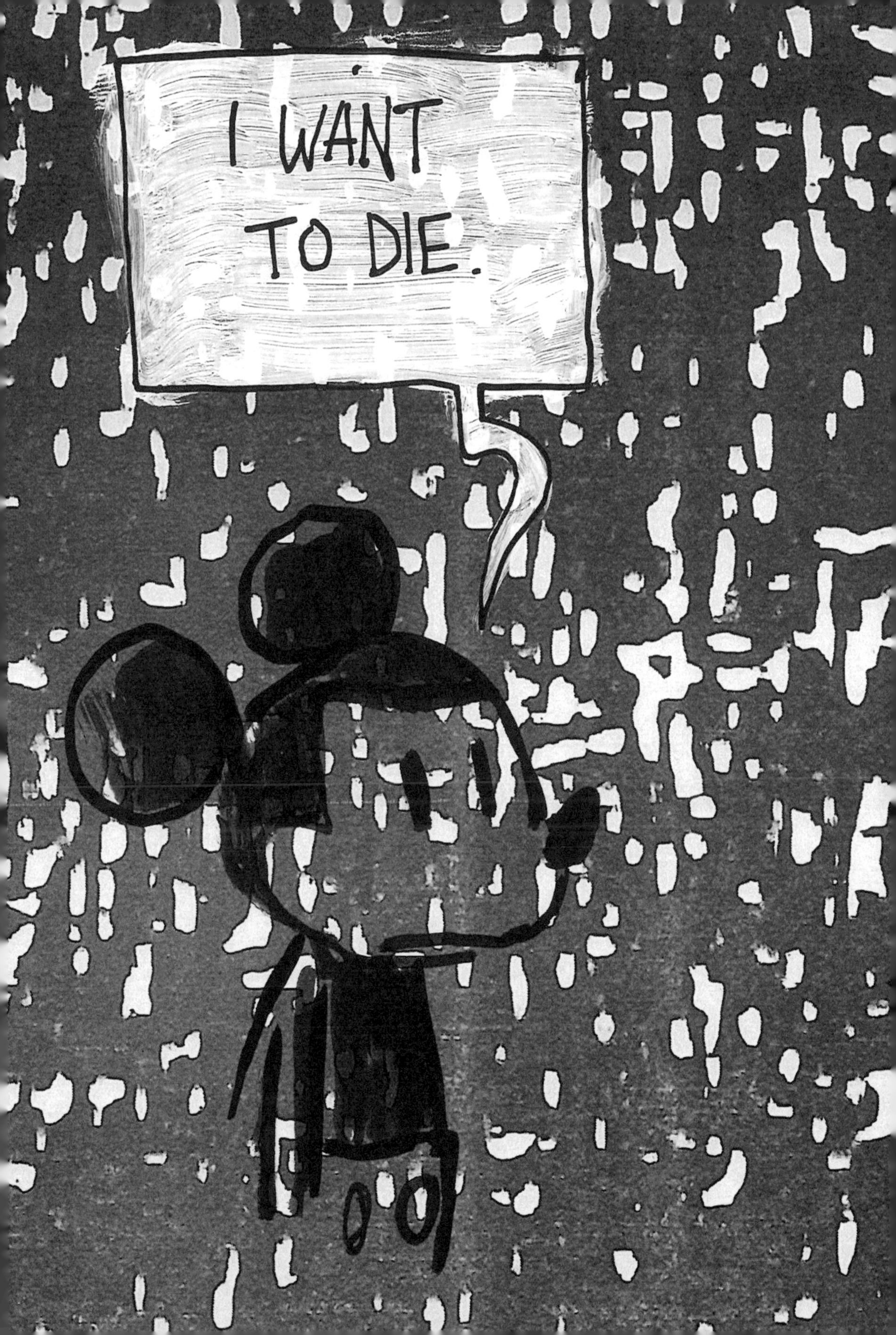

I WANT
TO DIE.

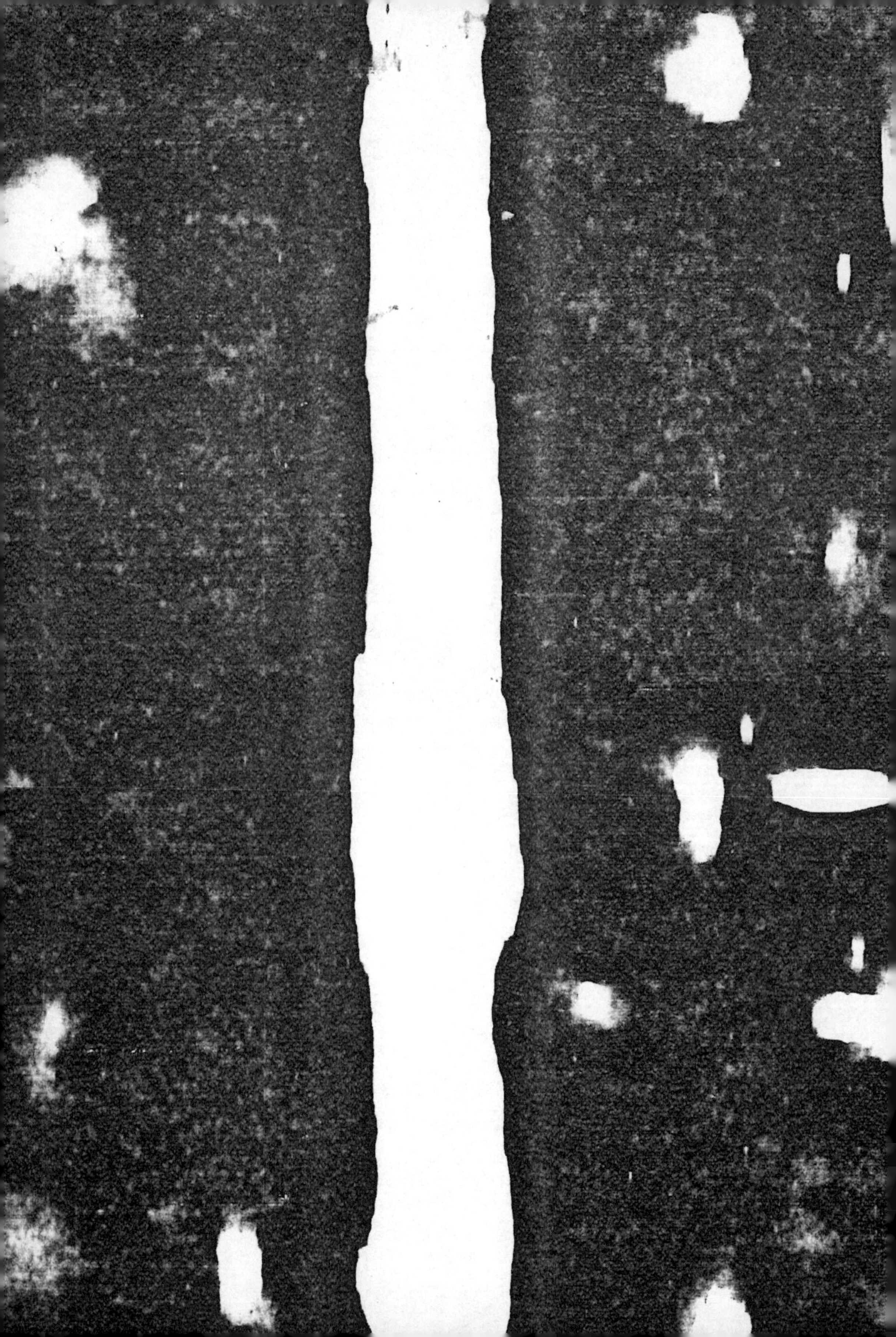

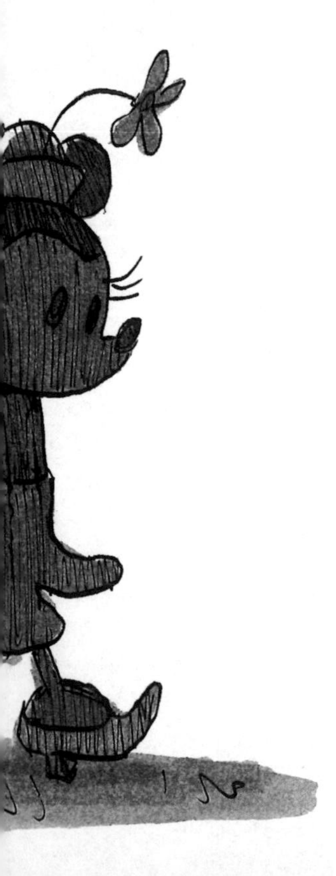

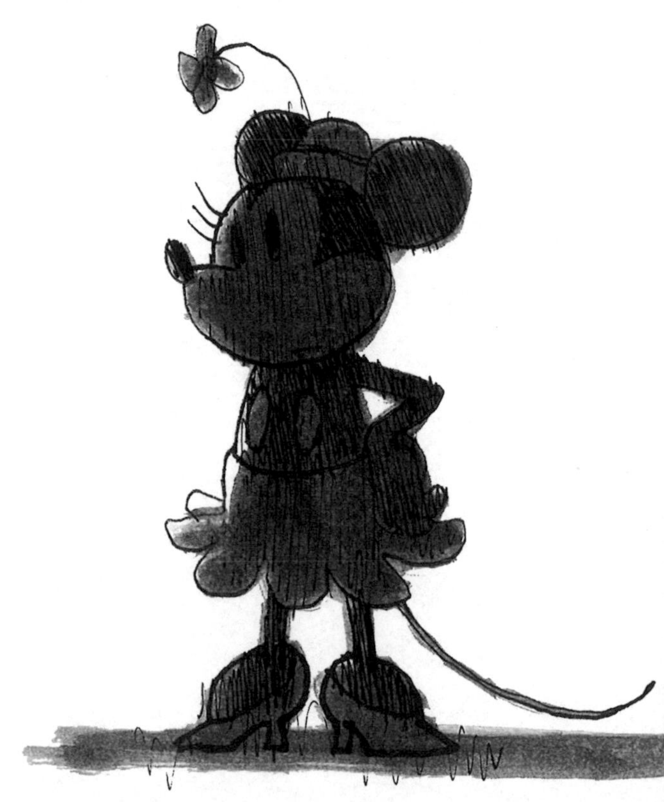

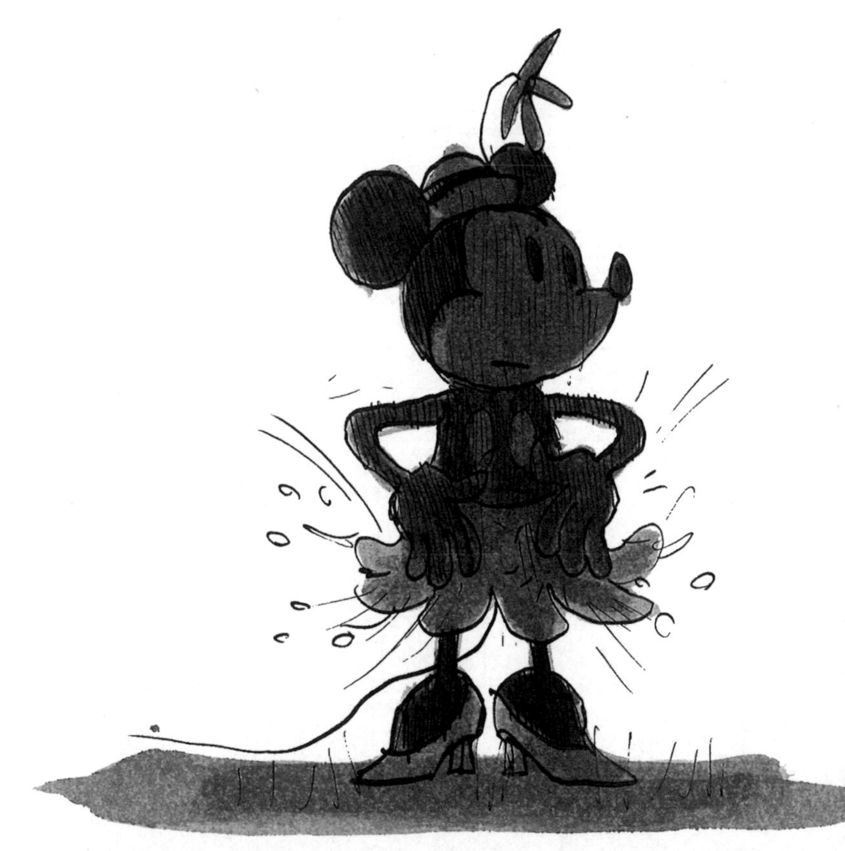

I've been thinking about giving you this little notebook as a present,
so you carr[y]
year 2667
as it did
Always remember that I love you very much and that ~~nothing~~ nothing you do is meaningful unless you're happy.

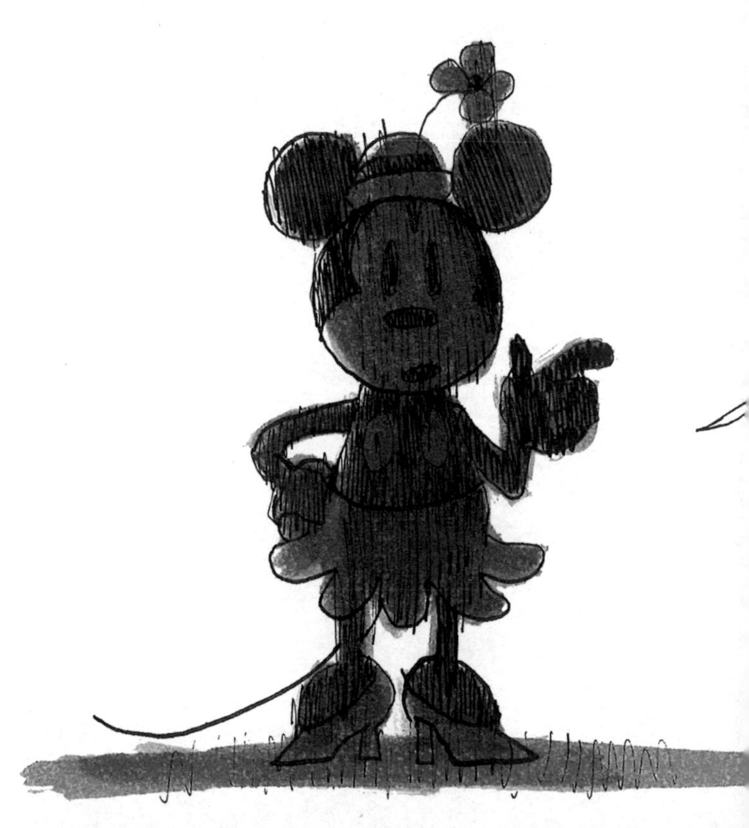

around with you during this
, accompanying you along the way,
 me.

For example, today, January 4th 2667 or 68,
t rained and I was alone at home and suddenly
here was a beautiful radiance in the sky.
 went up the hill and saw a rainbow, how lovely!

I took a deep breath and
said to myself: How peaceful,
what a beautiful moment of universal
immensity! Maybe that's happiness,

a moment of peace,
serenity, harmony.

MUM.

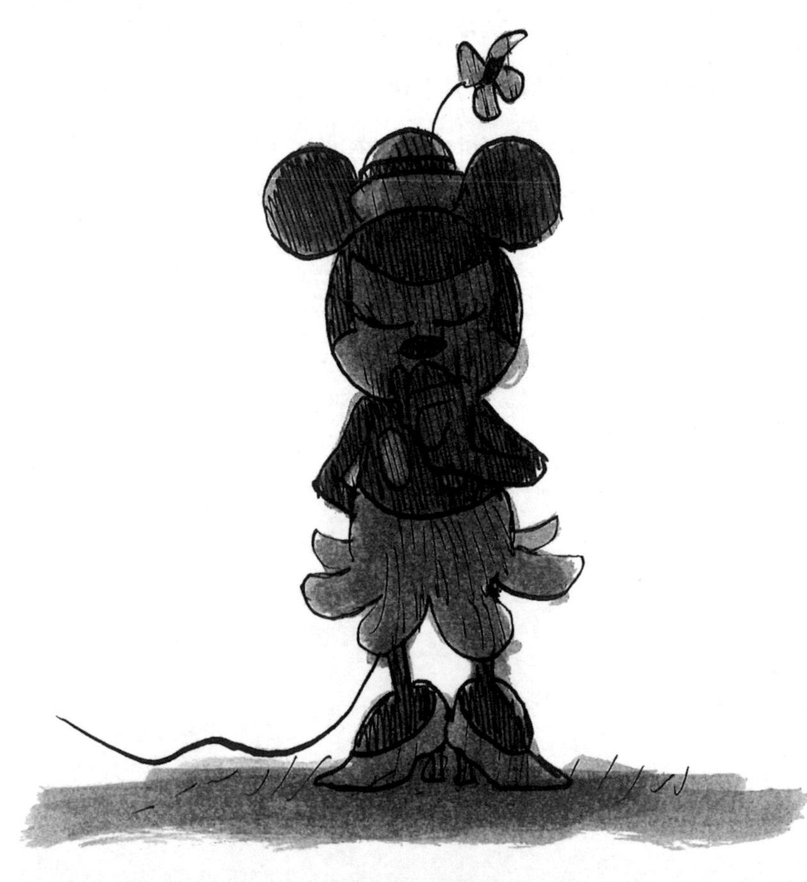

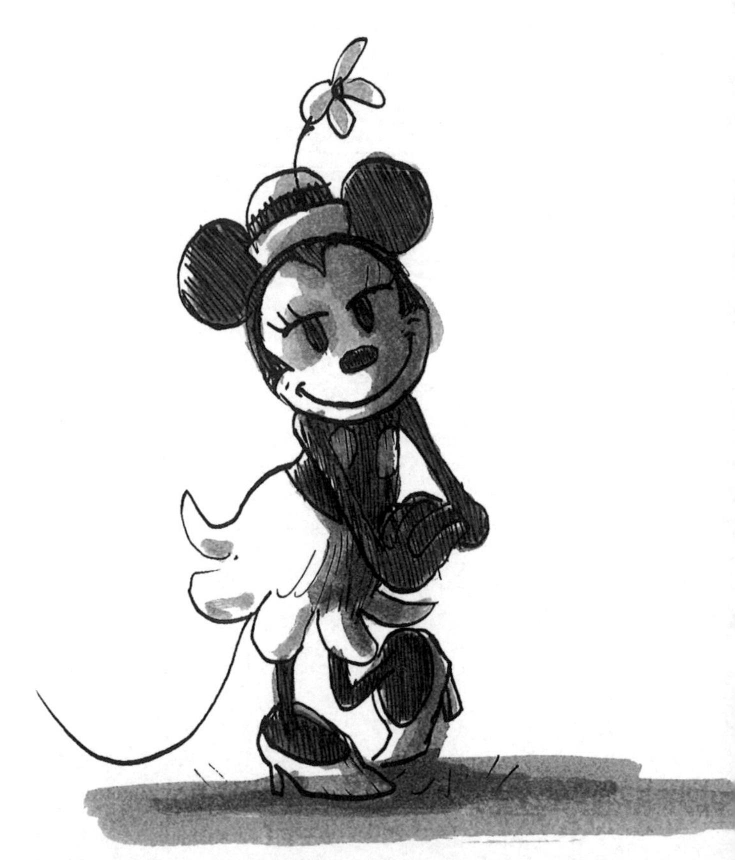

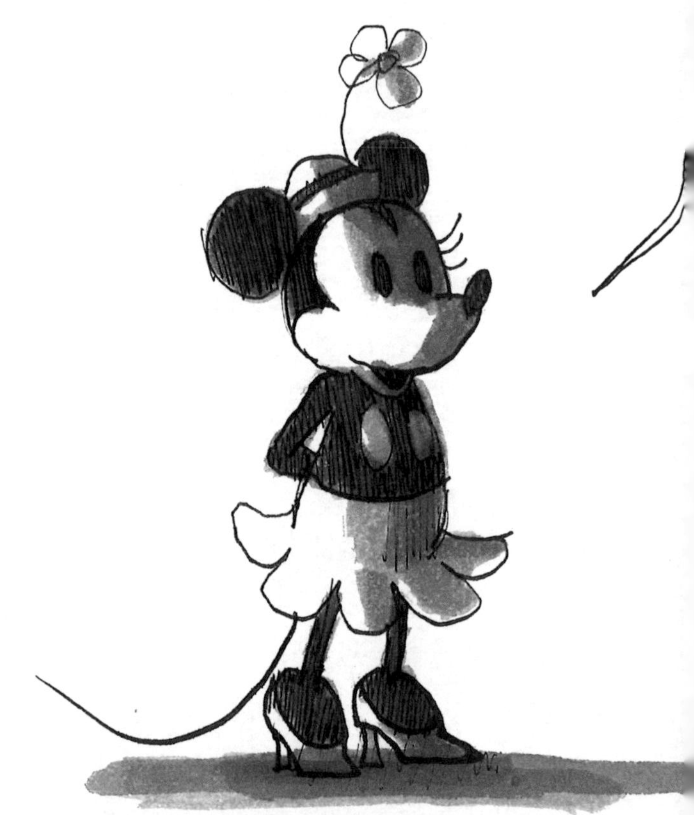

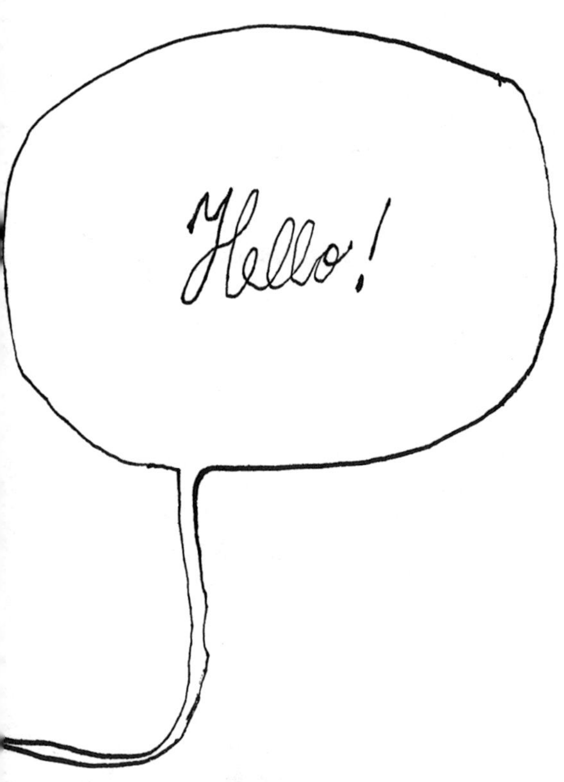
Hello!

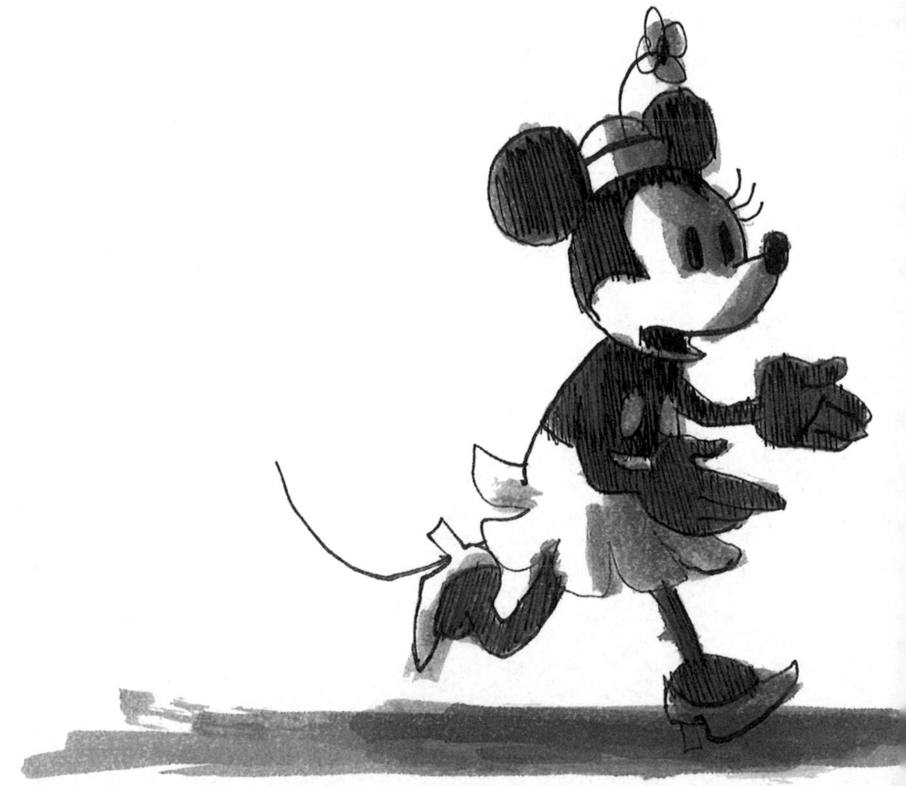
I am Minnie.
I guess I'm what humans call an "idea"...

"You may be reading this in 2034 or 3024, or perhaps never, who knows?

But if it is 2024, 96 years after my creation, it means we meet in the year that I'm...

finally

free.

I am here to tell
you a short story...

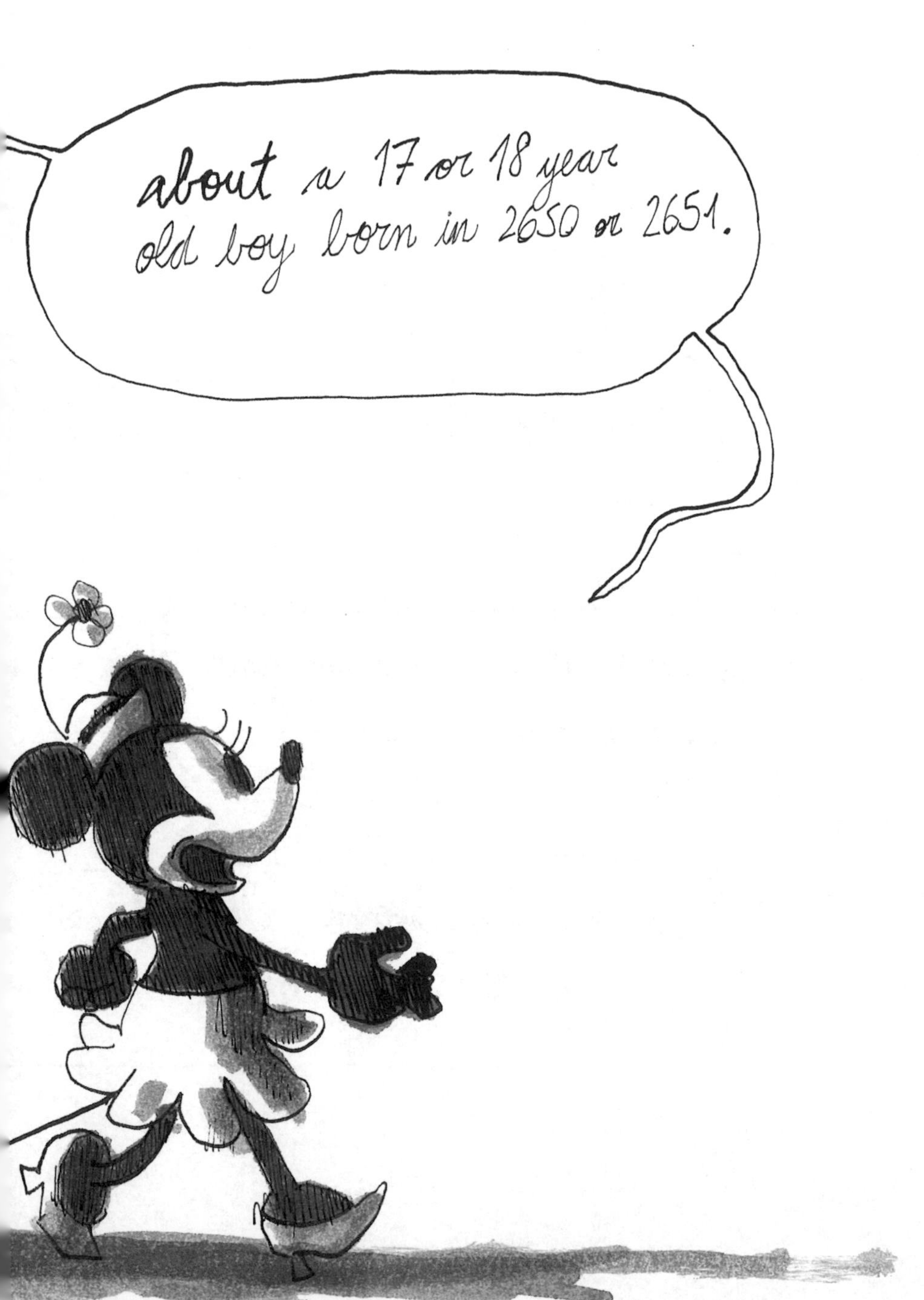
about a 17 or 18 year old boy born in 2650 or 2651.

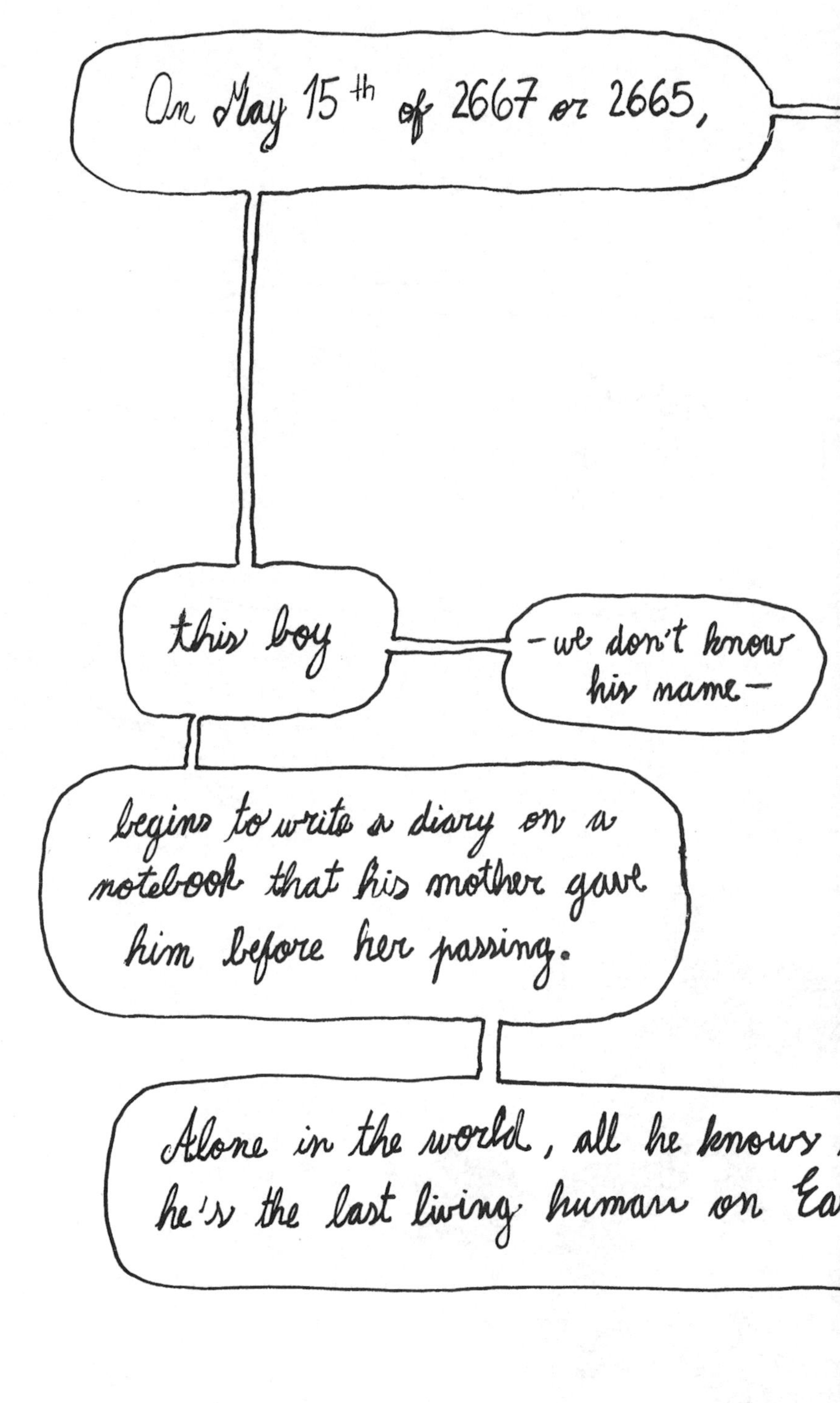

On May 15th of 2667 or 2665,
this boy
—we don't know his name—
begins to write a diary on a notebook that his mother gave him before her passing.
Alone in the world, all he knows he's the last living human on Ea

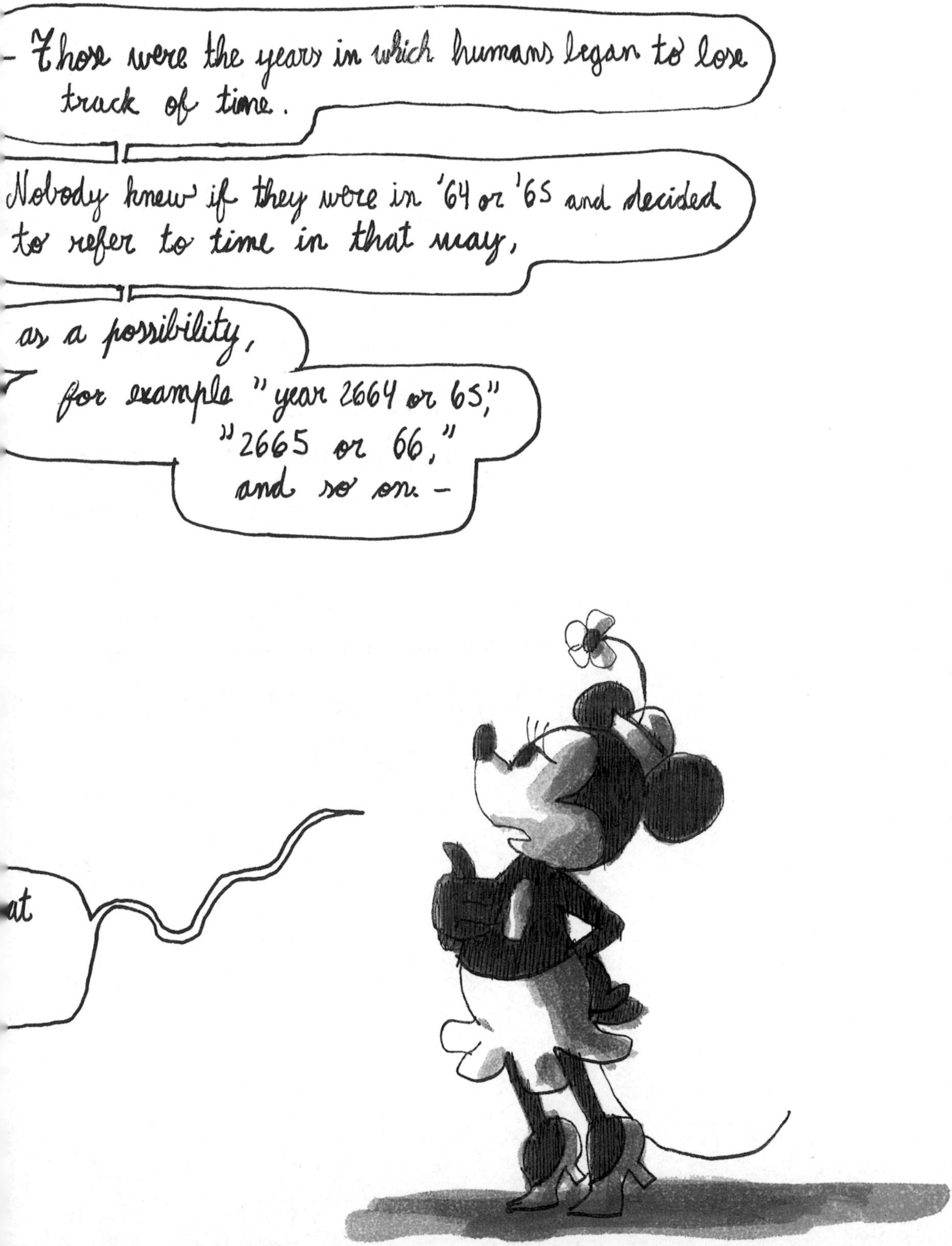

- Those were the years in which humans began to lose track of time.

Nobody knew if they were in '64 or '65 and decided to refer to time in that way,

as a possibility,

for example "year 2664 or 65,"
"2665 or 66,"
and so on. -

at

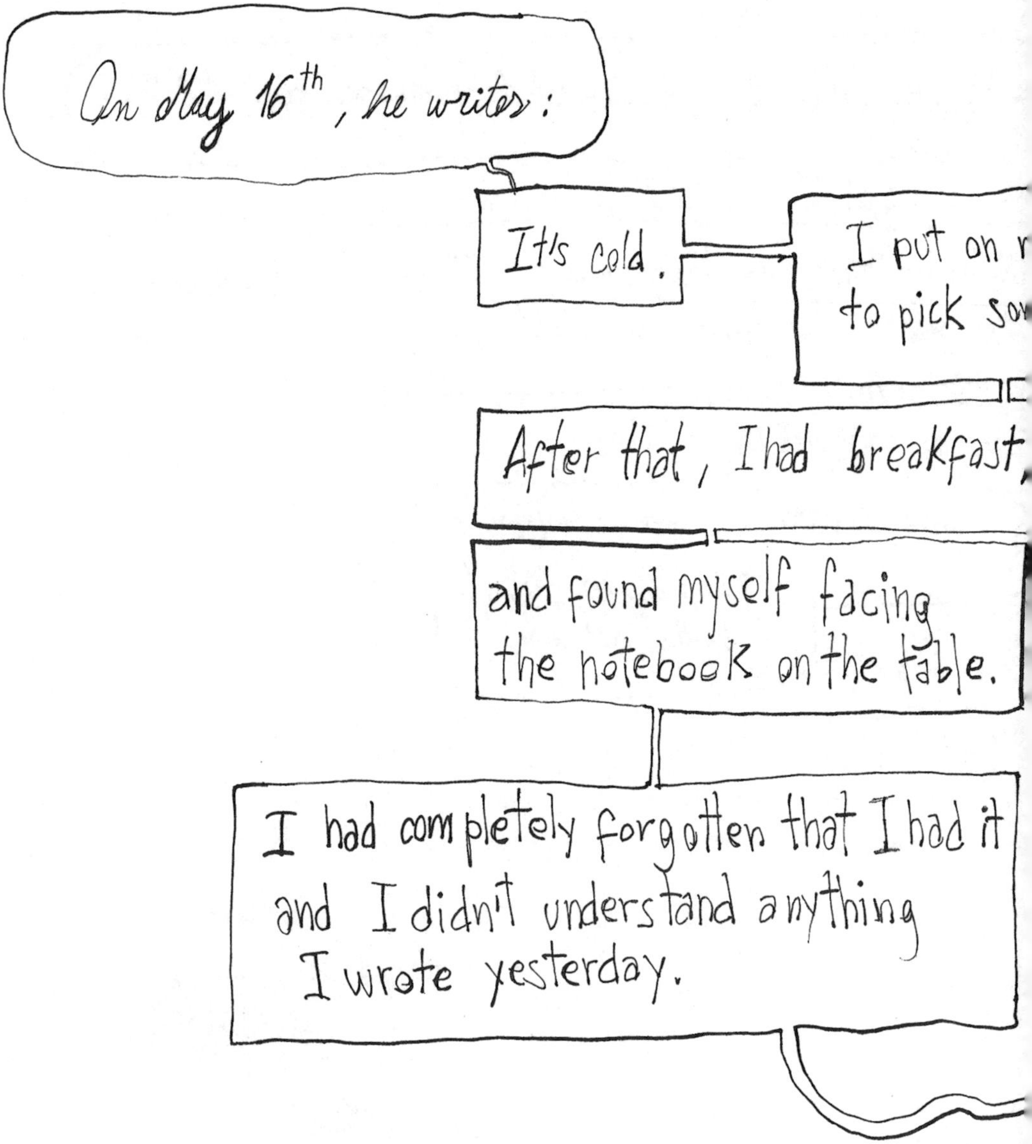

On May 16th, he writes:
It's cold,
I put on m...
to pick so...
After that, I had breakfast,
and found myself facing
the notebook on the table.
I had completely forgotten that I had it
and I didn't understand anything
I wrote yesterday.

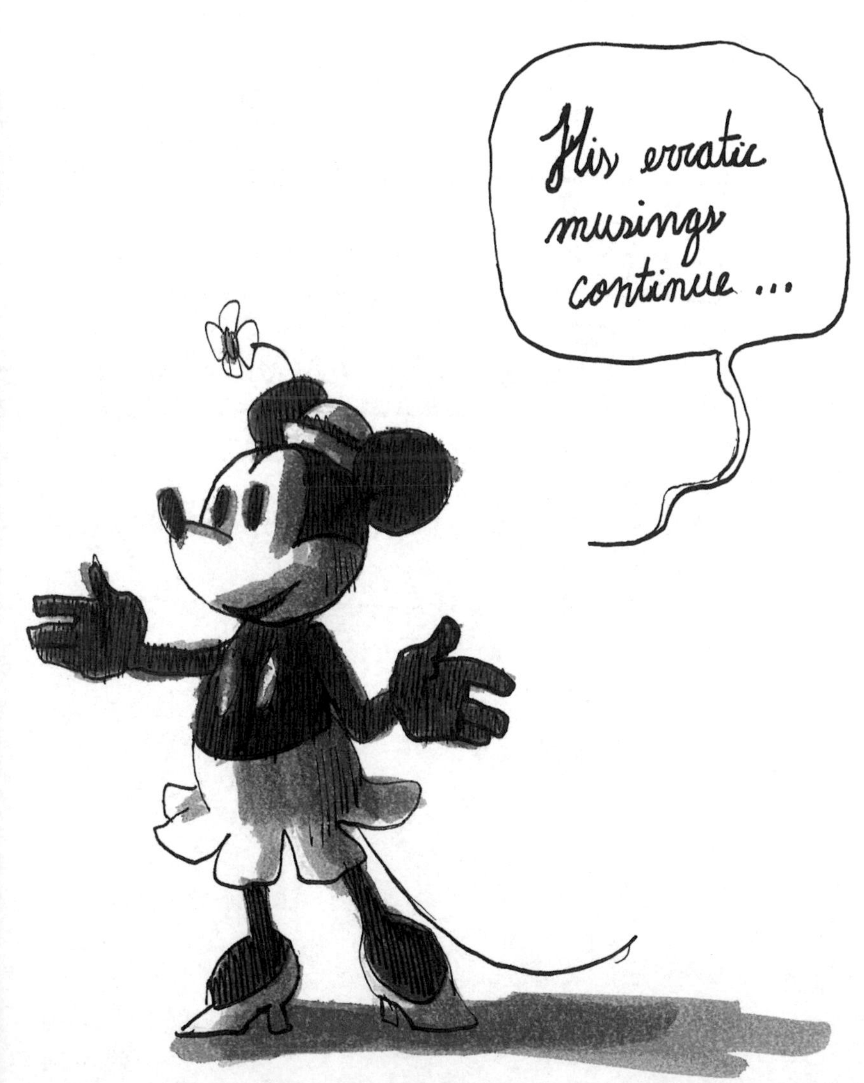

oolen sweater and went out
ts from the walnut tree.

His erratic
musings
continue ...

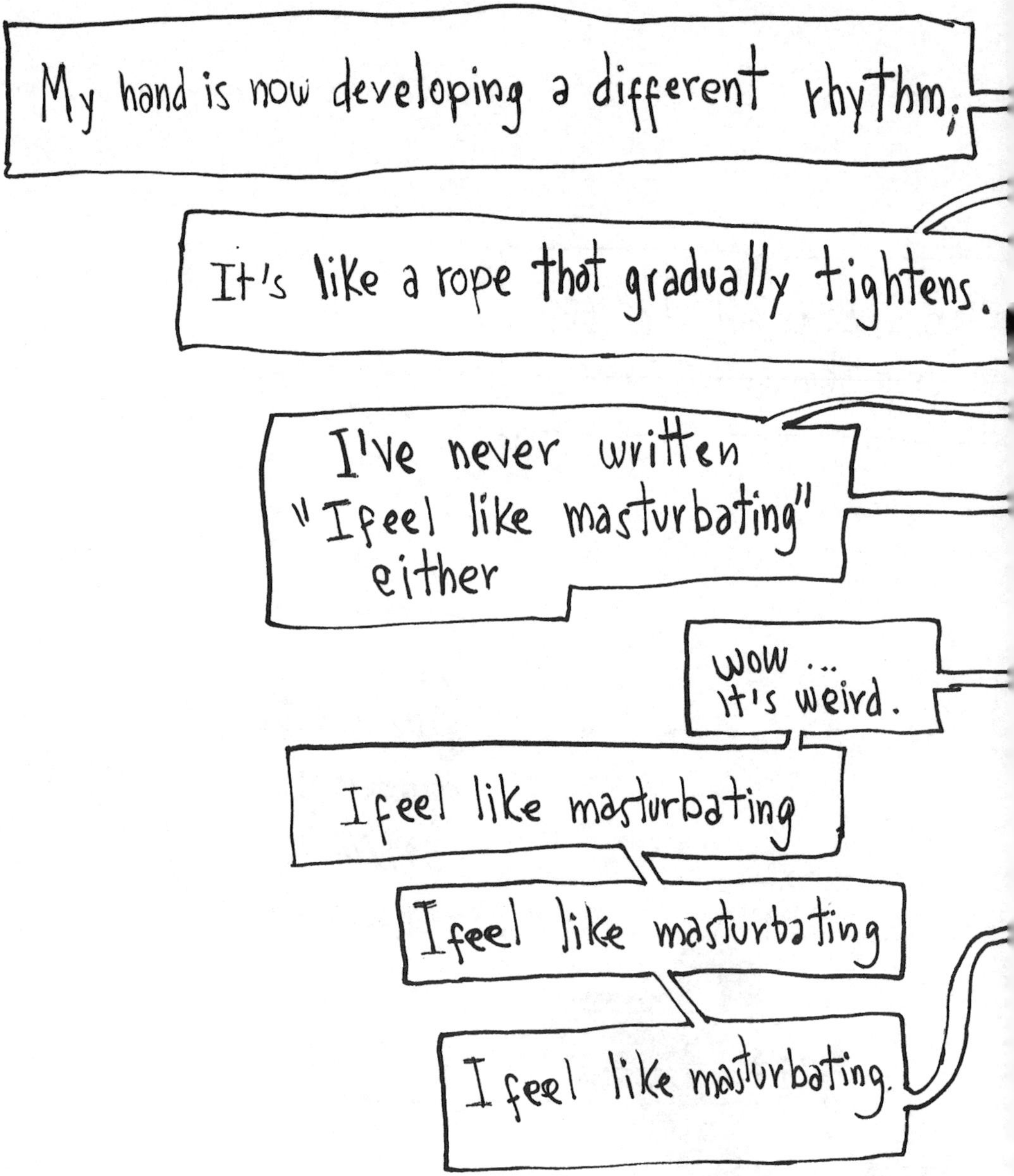

My hand is now developing a different rhythm;
It's like a rope that gradually tightens.
I've never written "I feel like masturbating" either
wow ... it's weird.
I feel like masturbating
I feel like masturbating
I feel like masturbating.

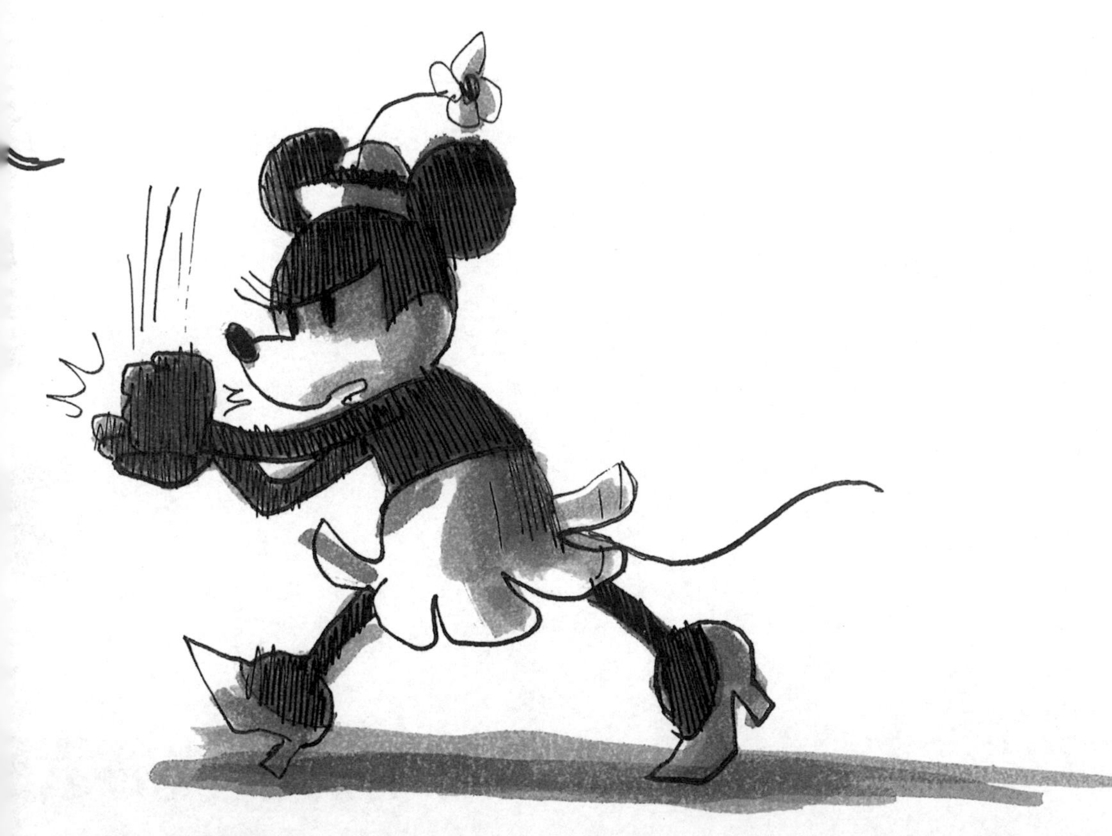
it's not so shaky anymore.
I feel like masturbating.
I've never done it.
This is all so new.
I FEEL LIKE
MASTURBATING.

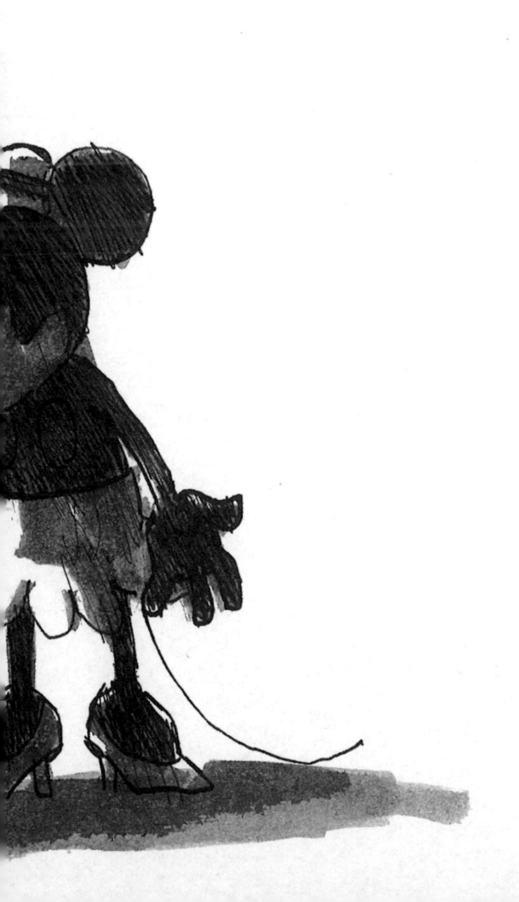

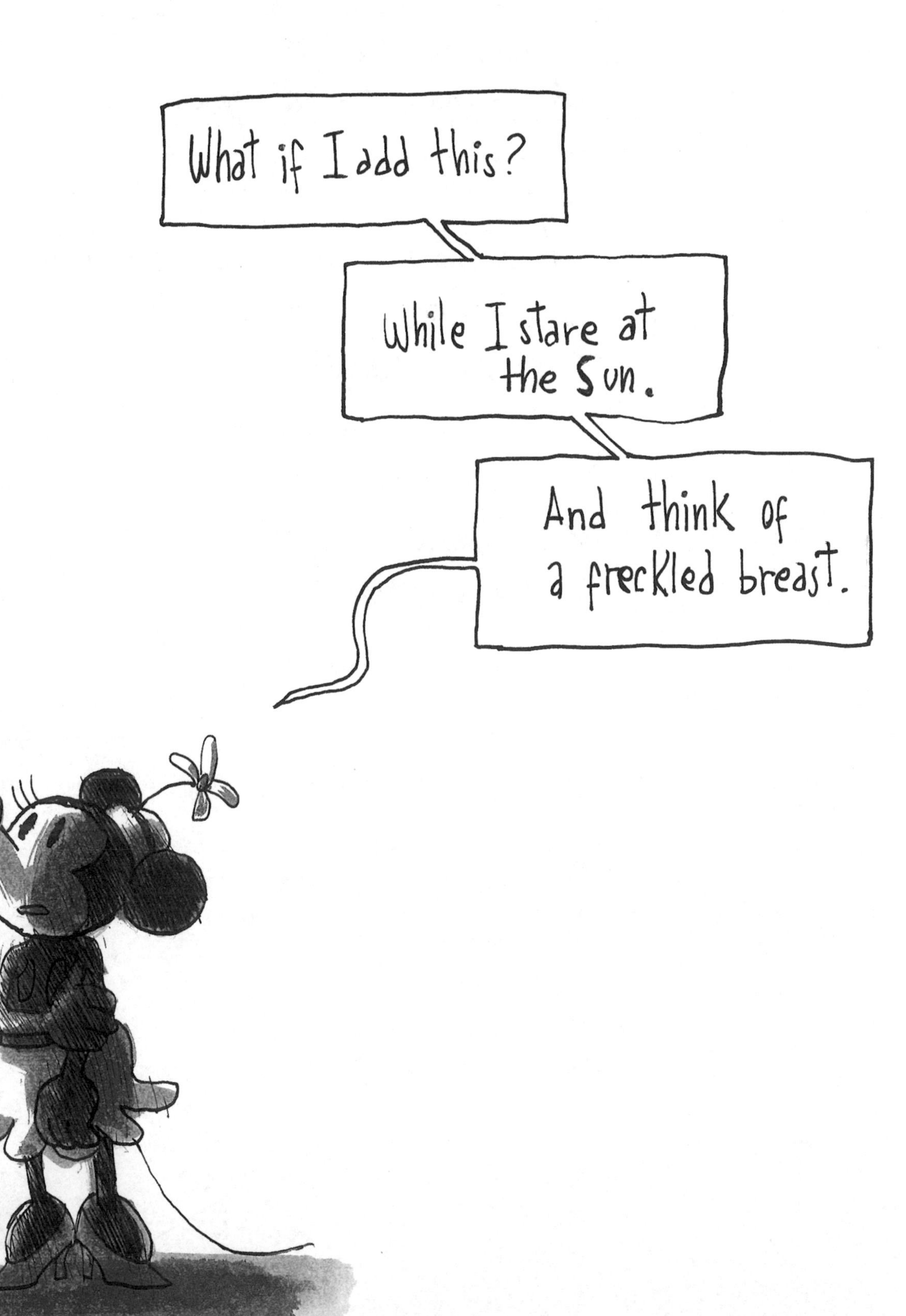

What if I add this?
While I stare at the Sun.
And think of a freckled breast.

We have to understand, he's clearly a paracultural creature ... oh, forgot to tell you...
He is the son of Luisa and Silvio, a couple of lovers who broke the "pact,"
and escaped the amphitheater ...

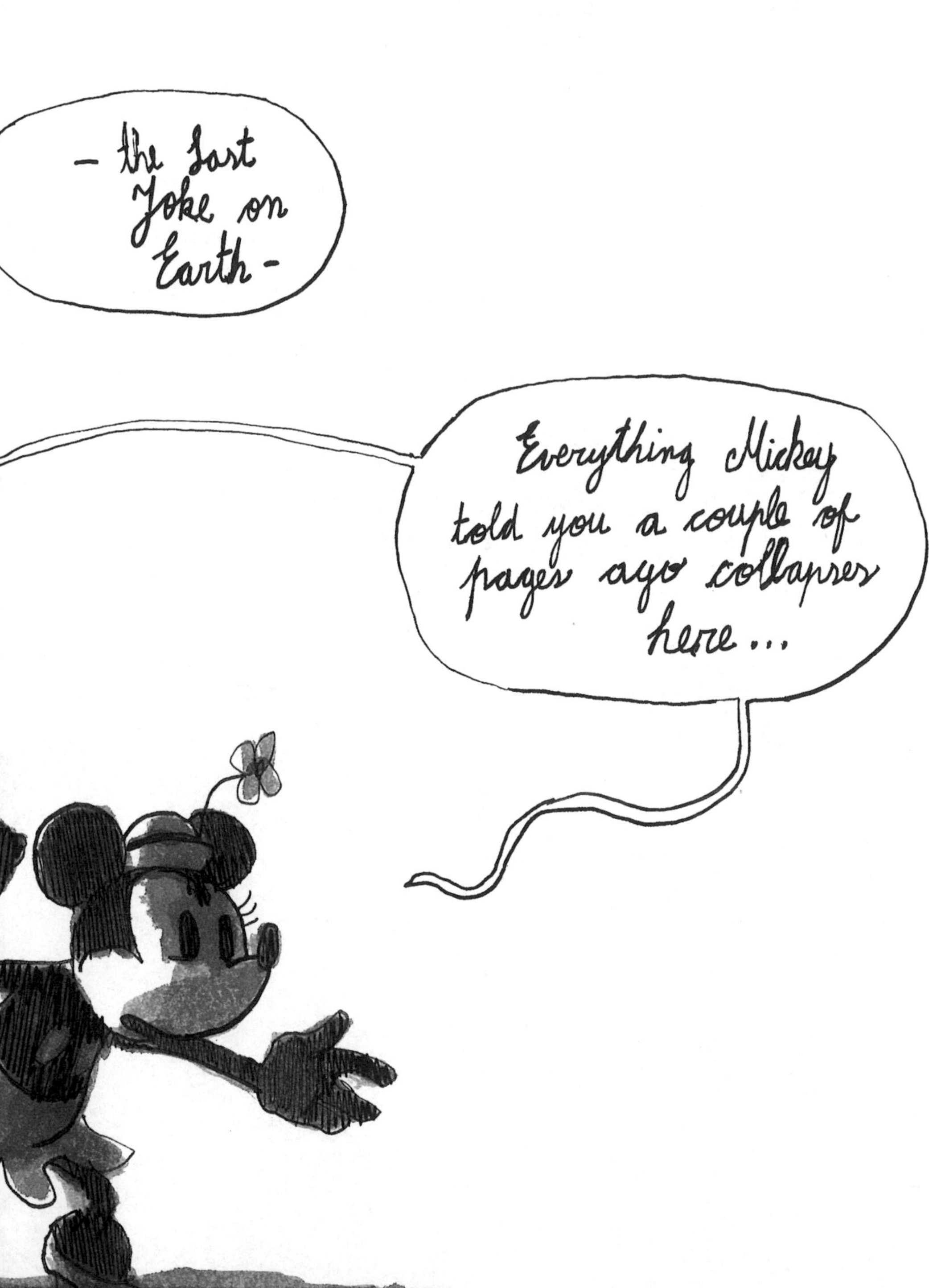

- the last Joke on Earth -
Everything Mickey told you a couple of pages ago collapses here...

The amphitheater was no longer the only path.
Forging new tracks
— new life —
along the way.
It was a disaster.

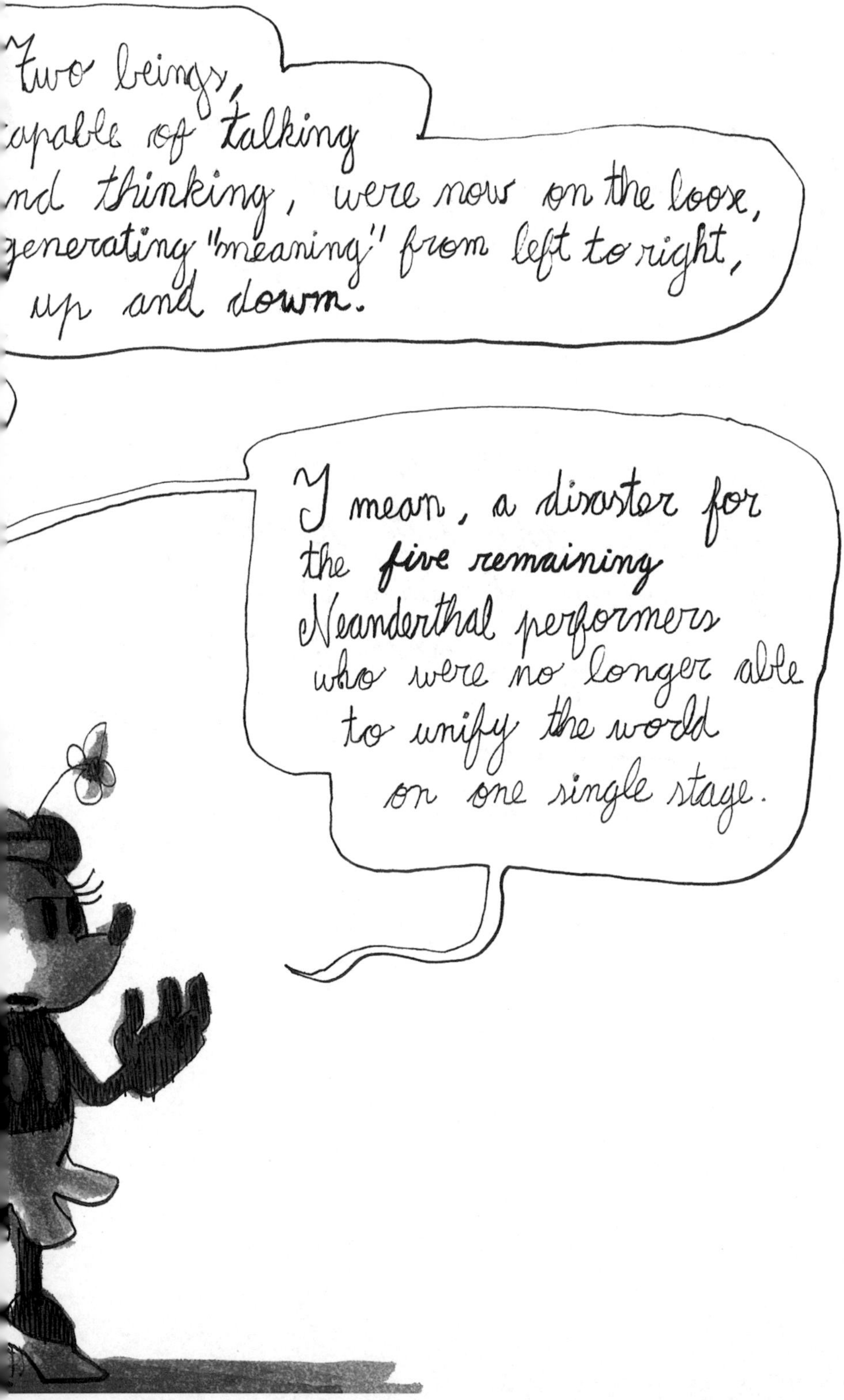

Two beings,
capable of talking
and thinking, were now on the loose,
generating "meaning" from left to right,
up and down.

I mean, a disaster for
the five remaining
Neanderthal performers
who were no longer able
to unify the world
on one single stage.

They couldn't do so, for the lovers who escaped had begun an alternative play.

They were living in the present, and they were still human: the arrow of time continued its journey towards the future.

many
ays,
or none.
They betrayed the plan by giving birth and leaving a notebook.
An explosive equation.

So,
you wonder what happened?

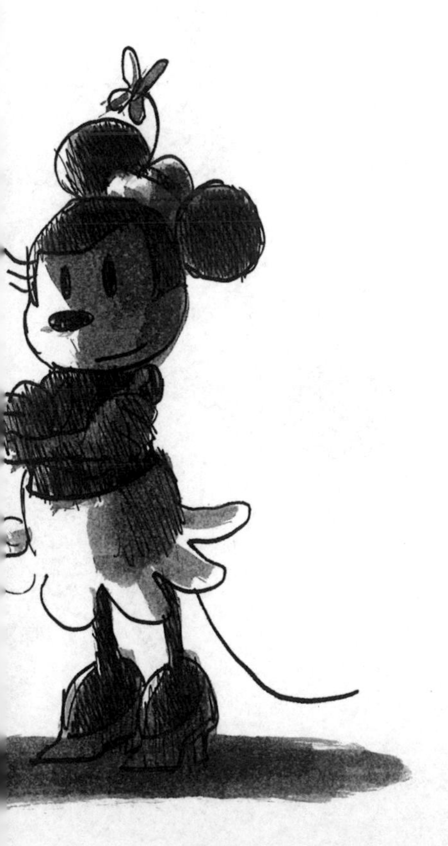

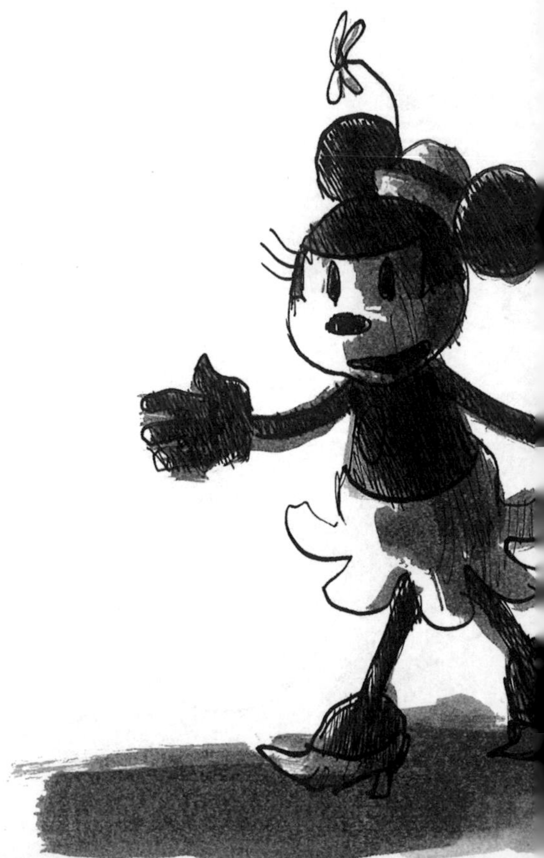

What happened with the
- no longer - last five humans
on Earth when the lovers
left?

Against all odds, they decided to carry on with the "project," although it was a failure from the beginning.

They gathered and talked for the last time... the pact would continue as if they had always been five instead of seven...

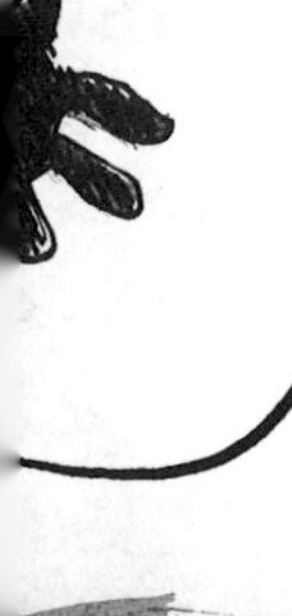

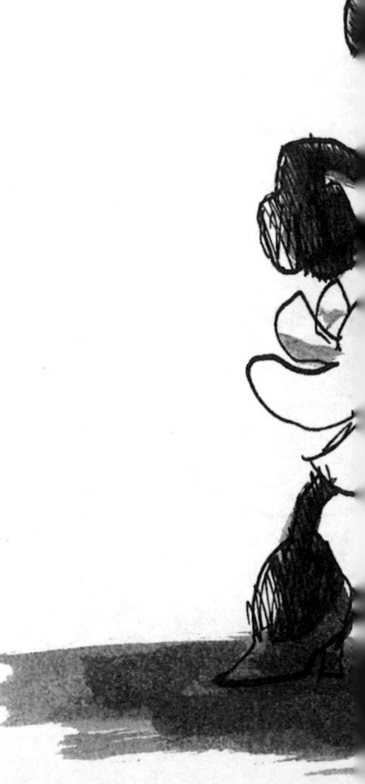
forget stupid

Luisa and Silvio!

But it was a fake solution,
a self - deception.

Human beings wanted to win the battle against all the other species...
Instead,
they were finally going to become extinct.

The who
war a

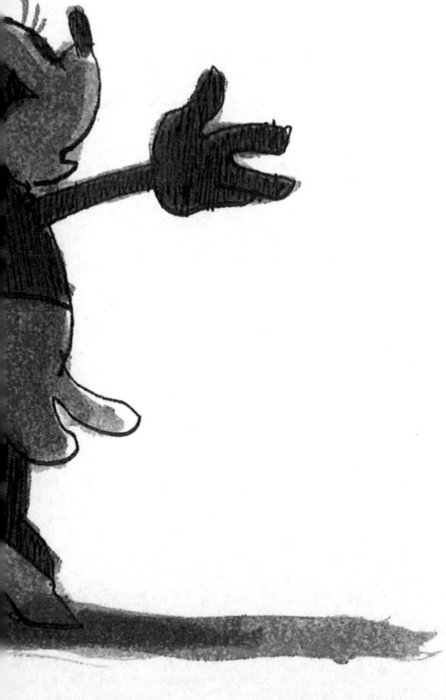
thing
aud !!!

It's so sad …

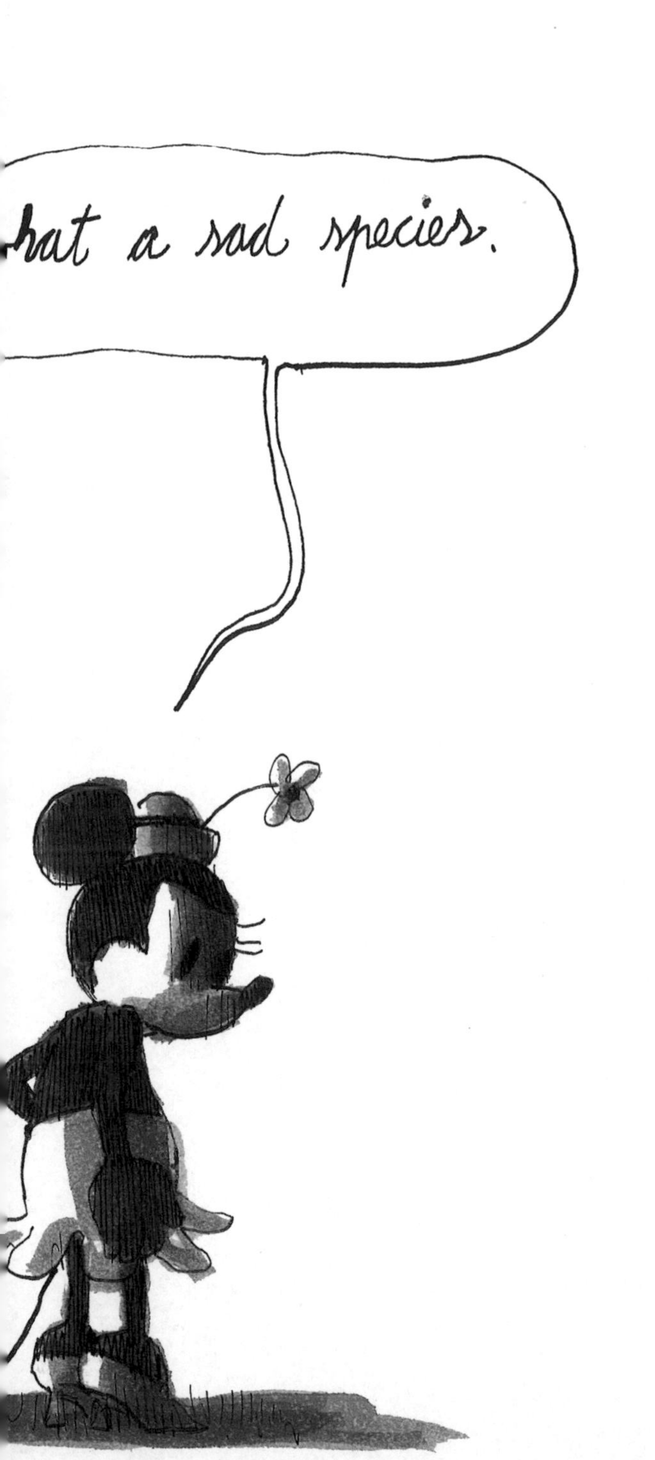
hat a sad species.

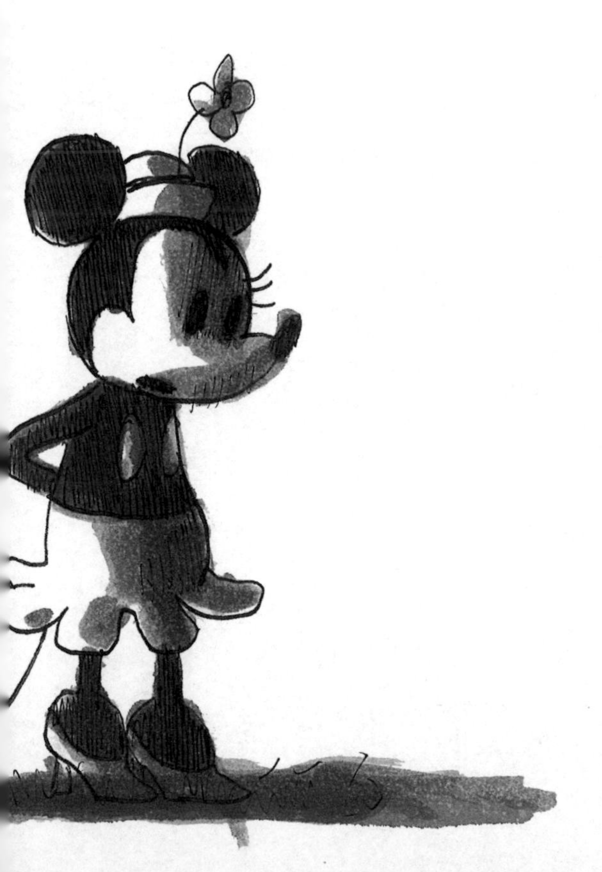

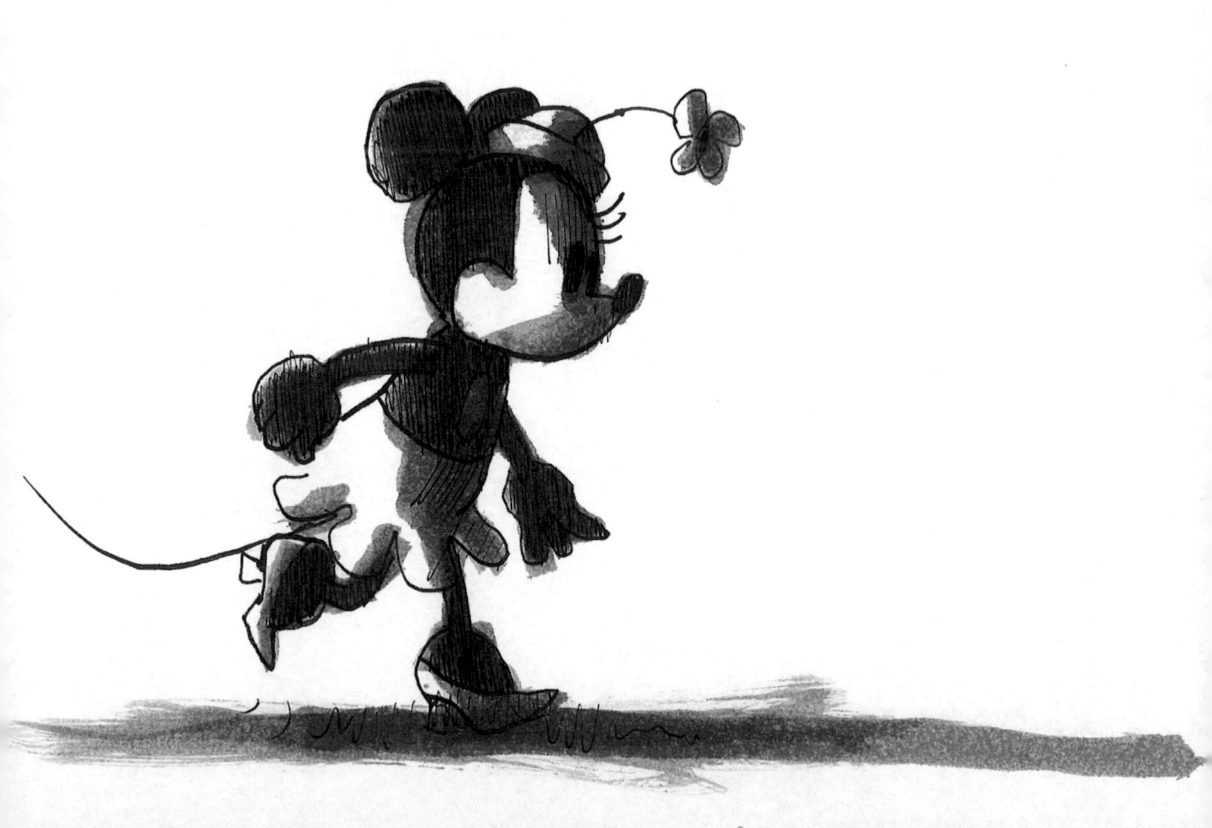

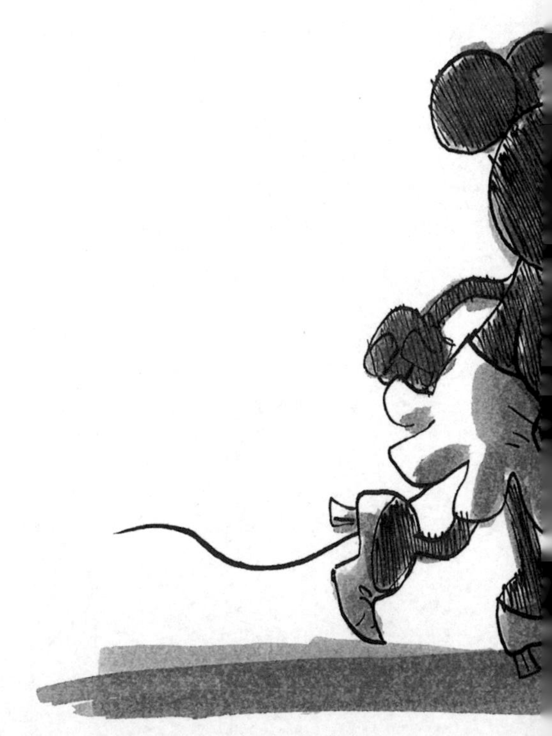

I wanna die.

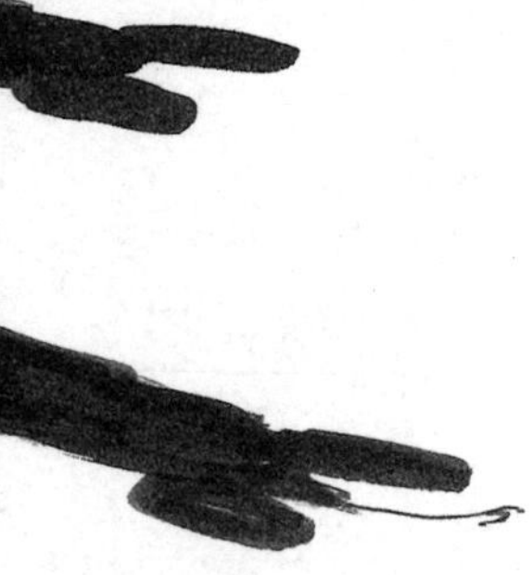

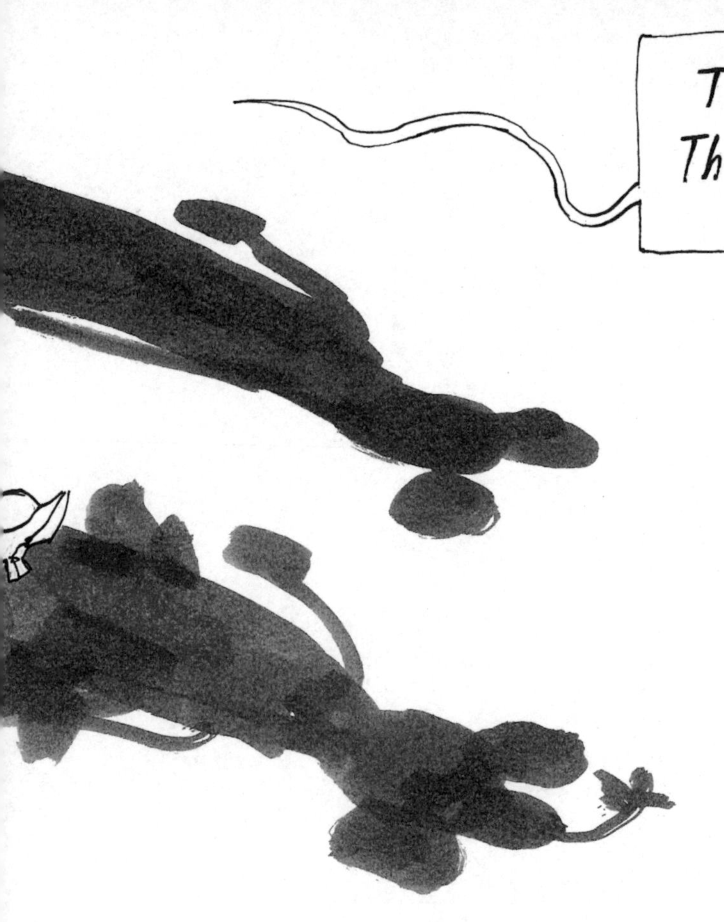

This is
The End of Imagination...

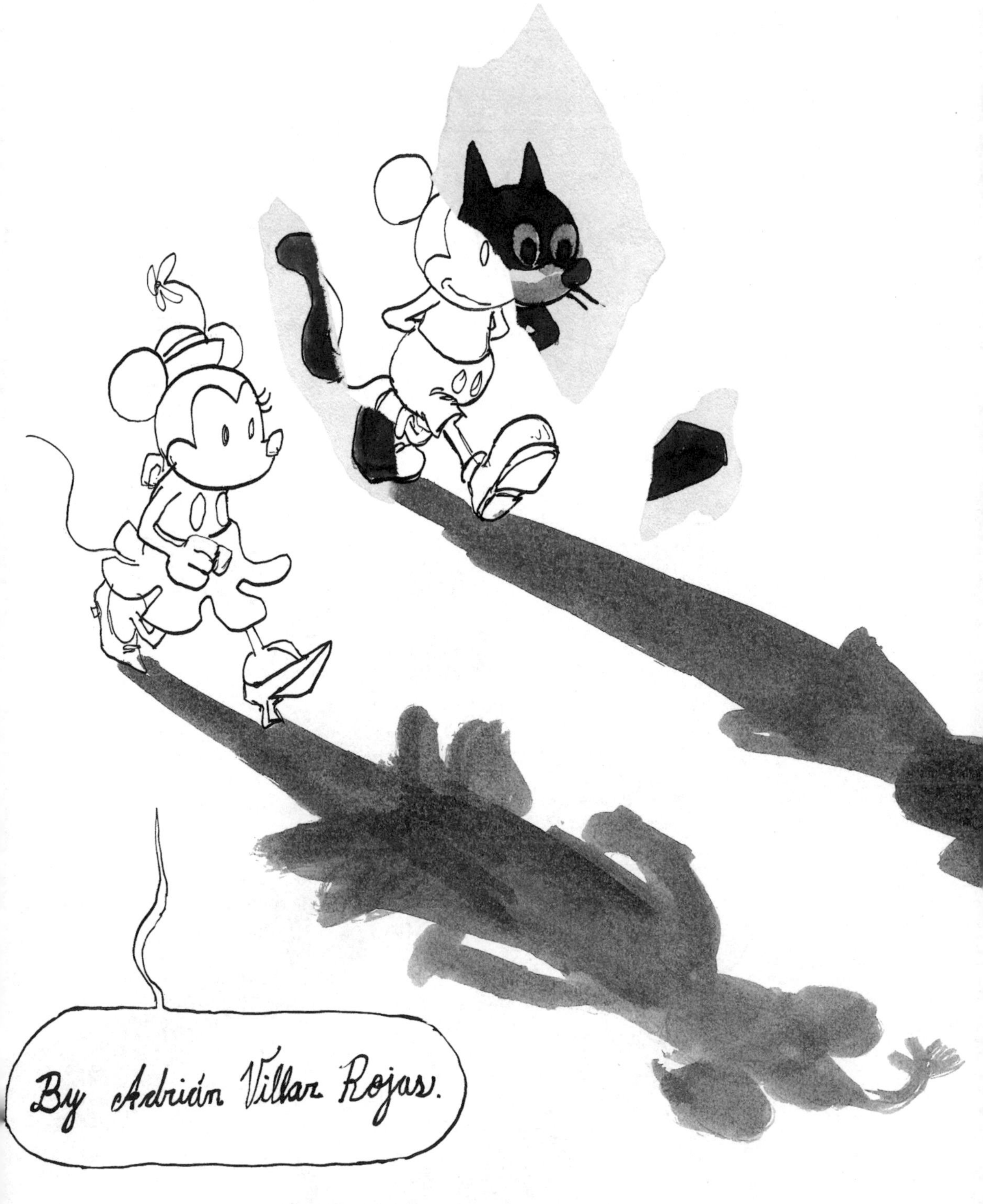
By Adrián Villar Rojas.

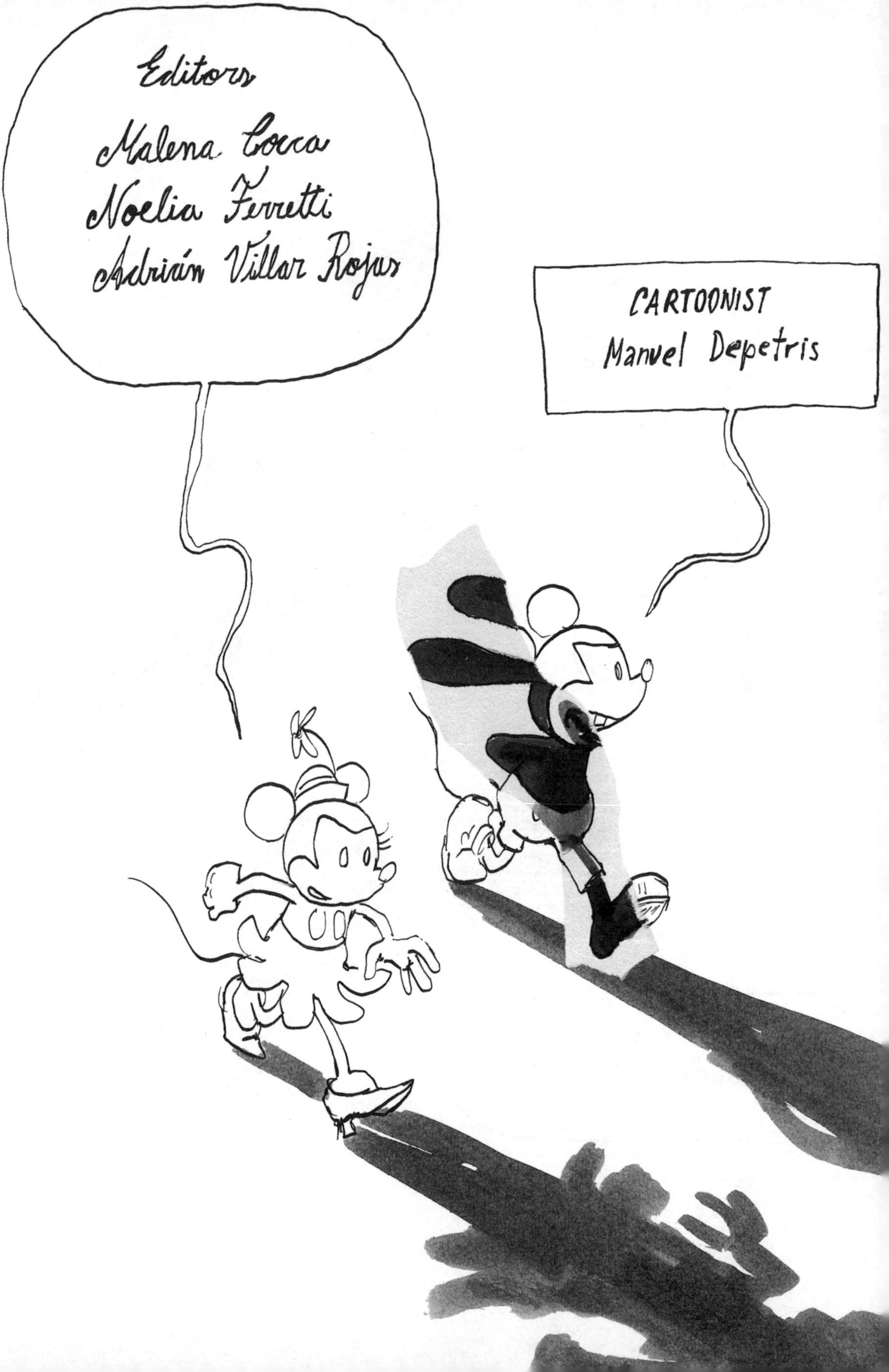

Editors
Malena Cocca
Noelia Ferretti
Adrián Villar Rojas
CARTOONIST
Manuel Depetris

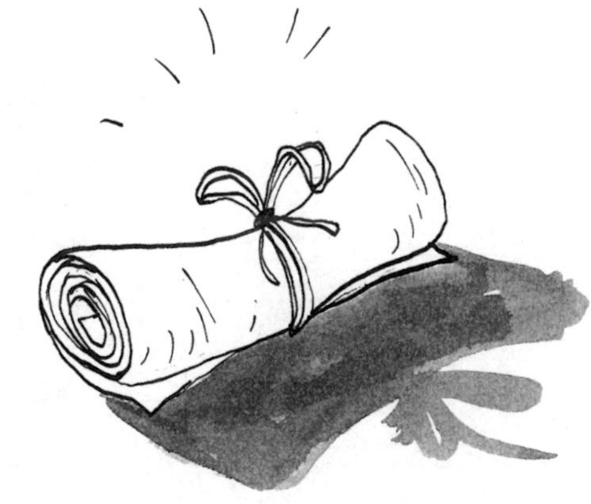
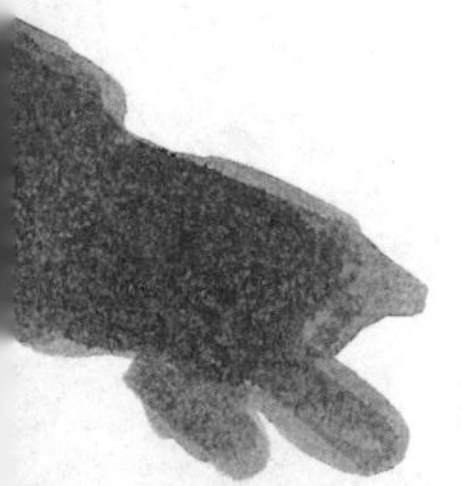

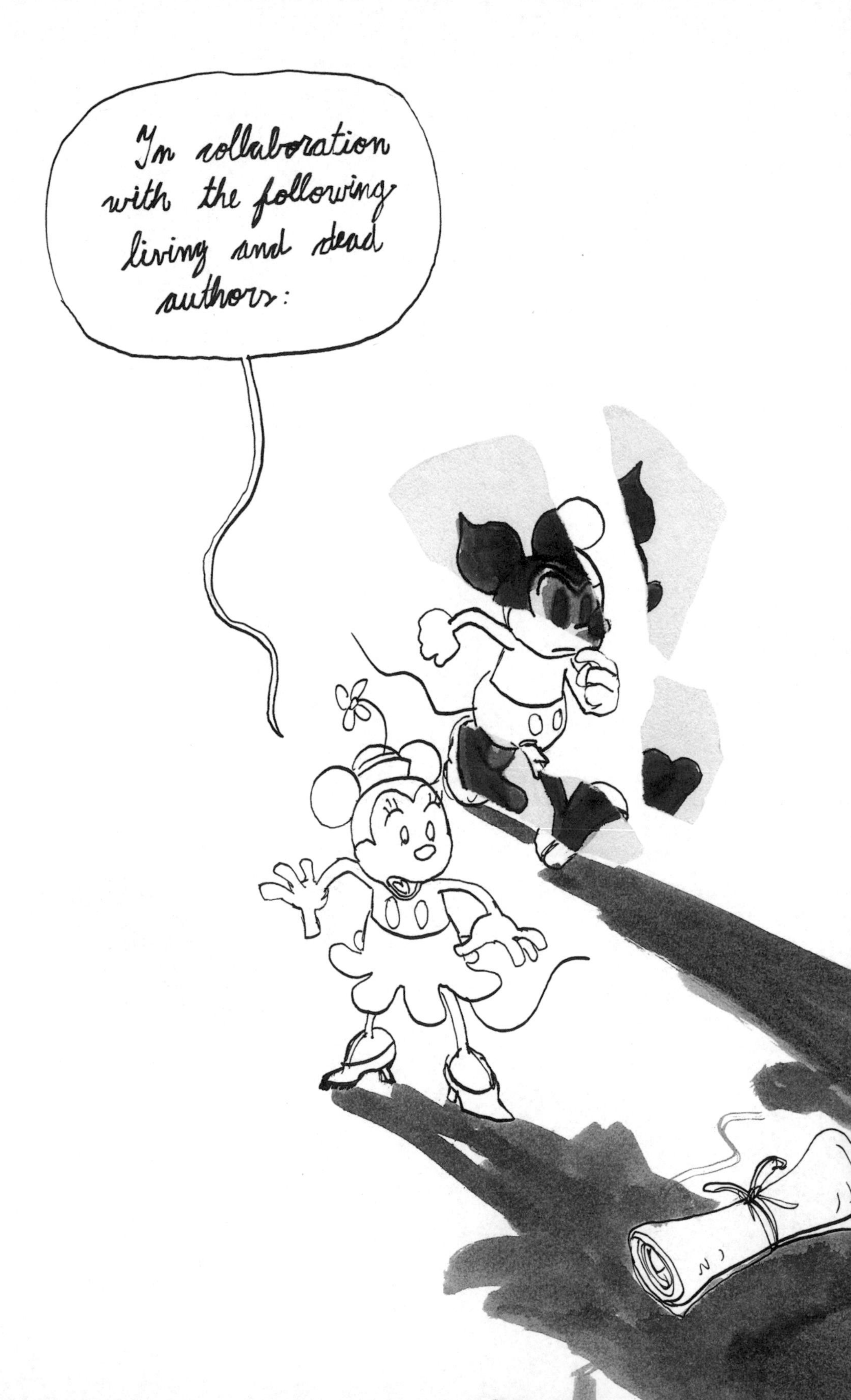
In collaboration
with the following
living and dead
authors:

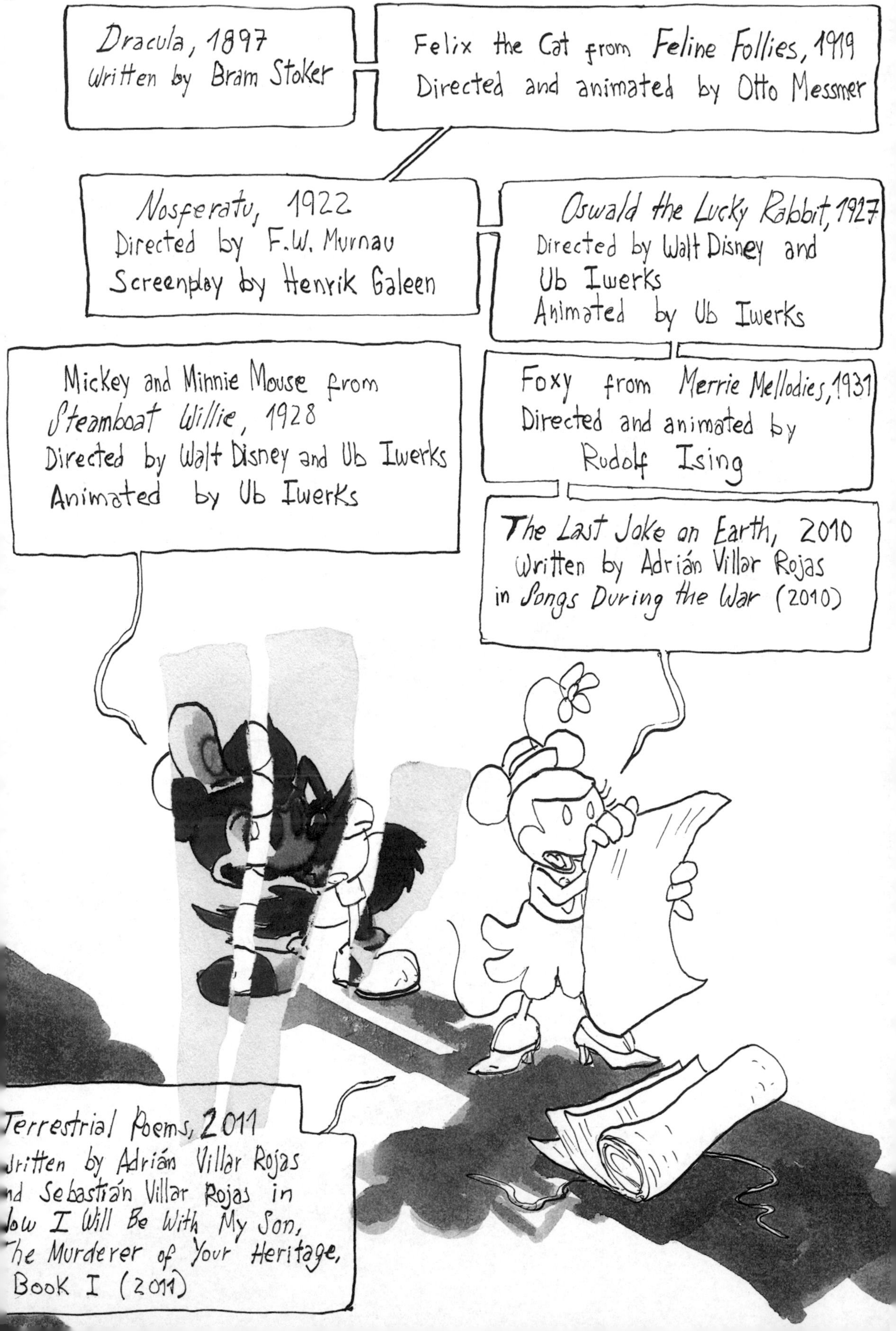

Dracula, 1897
Written by Bram Stoker

Felix the Cat from Feline Follies, 1919
Directed and animated by Otto Messmer

Nosferatu, 1922
Directed by F. W. Murnau
Screenplay by Henrik Galeen

Oswald the Lucky Rabbit, 1927
Directed by Walt Disney and
Ub Iwerks
Animated by Ub Iwerks

Mickey and Minnie Mouse from
Steamboat Willie, 1928
Directed by Walt Disney and Ub Iwerks
Animated by Ub Iwerks

Foxy from Merrie Mellodies, 1931
Directed and animated by
Rudolf Ising

The Last Joke on Earth, 2010
Written by Adrián Villar Rojas
in Songs During the War (2010)

Terrestrial Poems, 2011
Written by Adrián Villar Rojas
and Sebastián Villar Rojas in
How I Will Be With My Son,
The Murderer of Your Heritage,
Book I (2011)

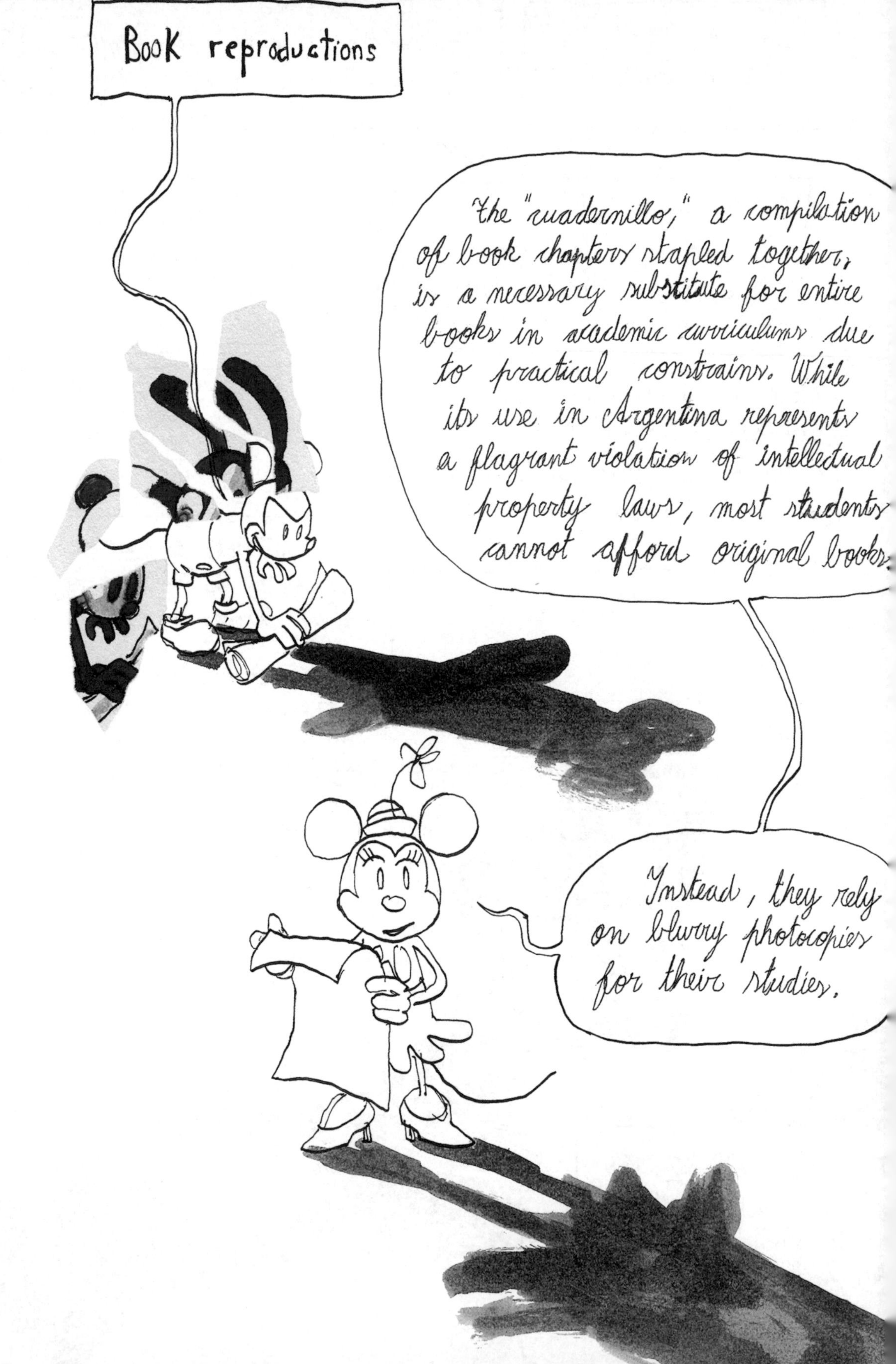

Book reproductions
The "cuadernillo," a compilation of book chapters stapled together, is a necessary substitute for entire books in academic curriculums due to practical constrains. While its use in Argentina represents a flagrant violation of intellectual property laws, most students cannot afford original books.
Instead, they rely on blurry photocopies for their studies.

In disciplines like visual arts, photocopying diminishes the clarity of images, transforming "cuadernillos" into challenging hieroglyphs to decipher. These copies, subject to degradation, fail to capture the essence of original artworks.

The "cuadernillos" reproduced in this comic belong to Valeria Gericke, Director; Silvia Ybarzabal, Professor and Technical Secretary; and Adrián Villar Rojas, Professor and former student, all affiliated with the Rosario School of Fine Arts.

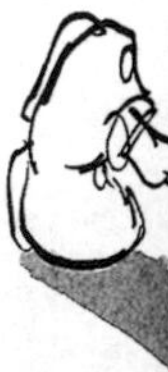

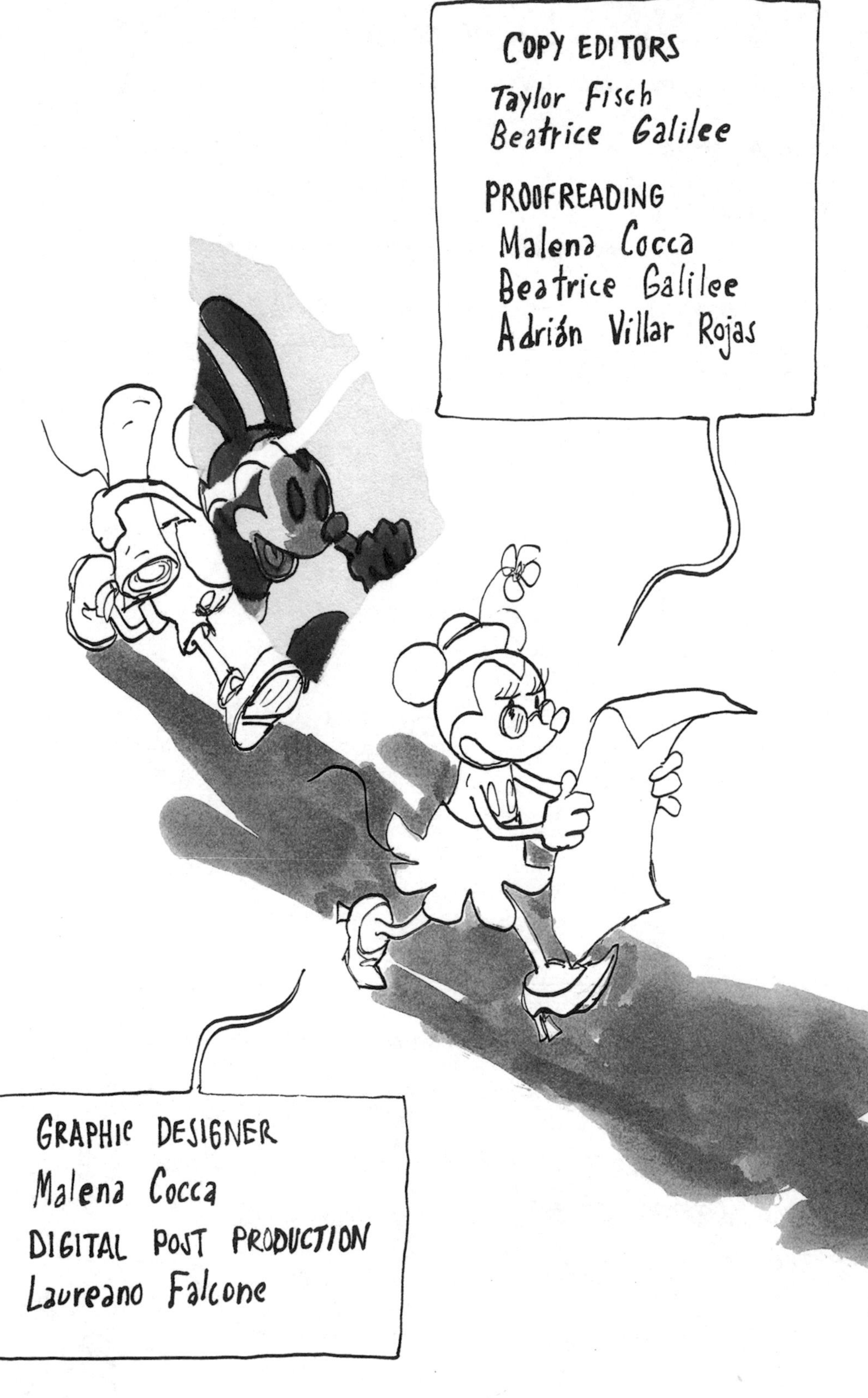

COPY EDITORS
Taylor Fisch
Beatrice Galilee

PROOFREADING
Malena Cocca
Beatrice Galilee
Adrián Villar Rojas

GRAPHIC DESIGNER
Malena Cocca
DIGITAL POST PRODUCTION
Laureano Falcone

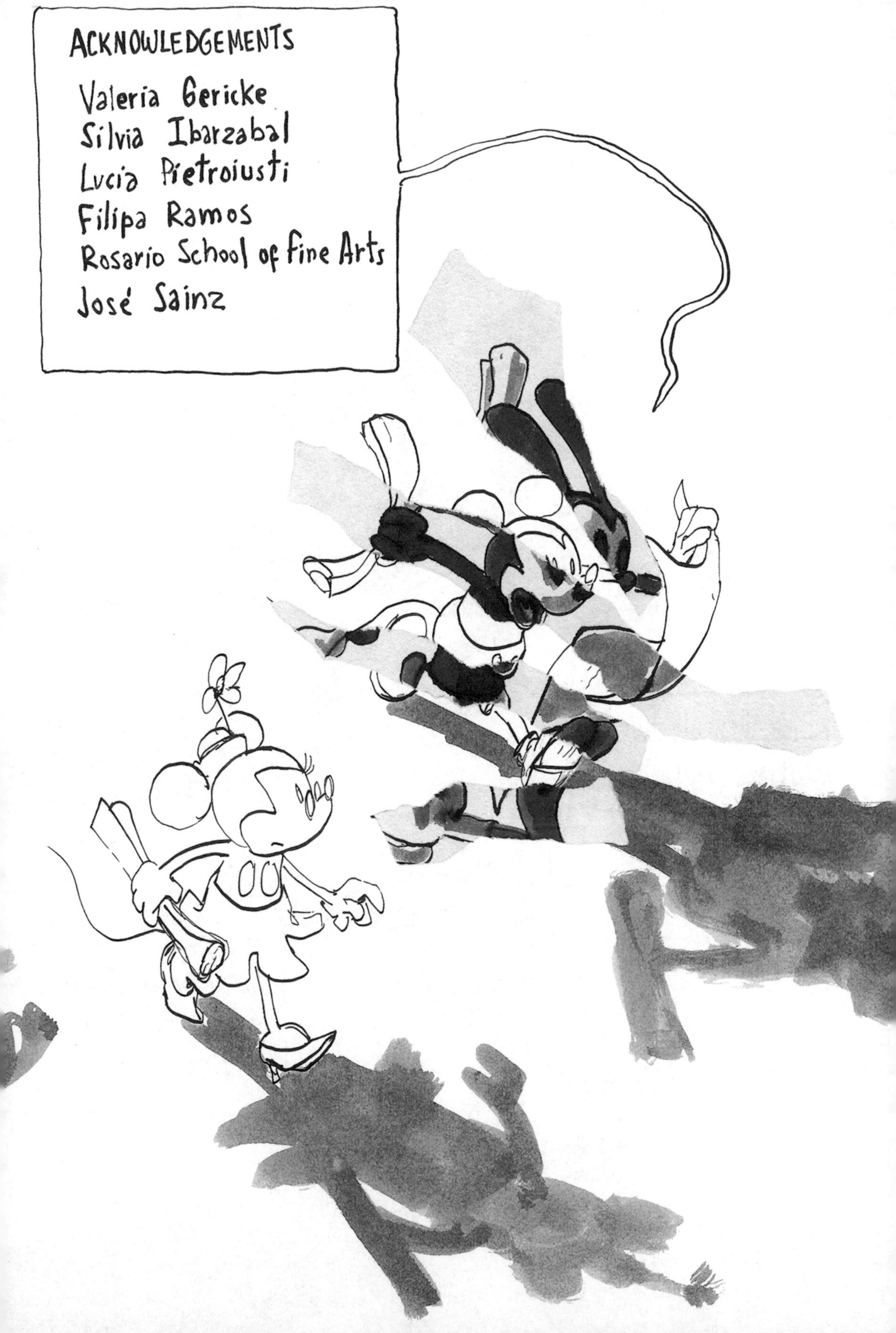
ACKNOWLEDGEMENTS
Valeria Gericke
Silvia Ibarzabal
Lucia Pietroiusti
Filipa Ramos
Rosario School of Fine Arts
José Sainz

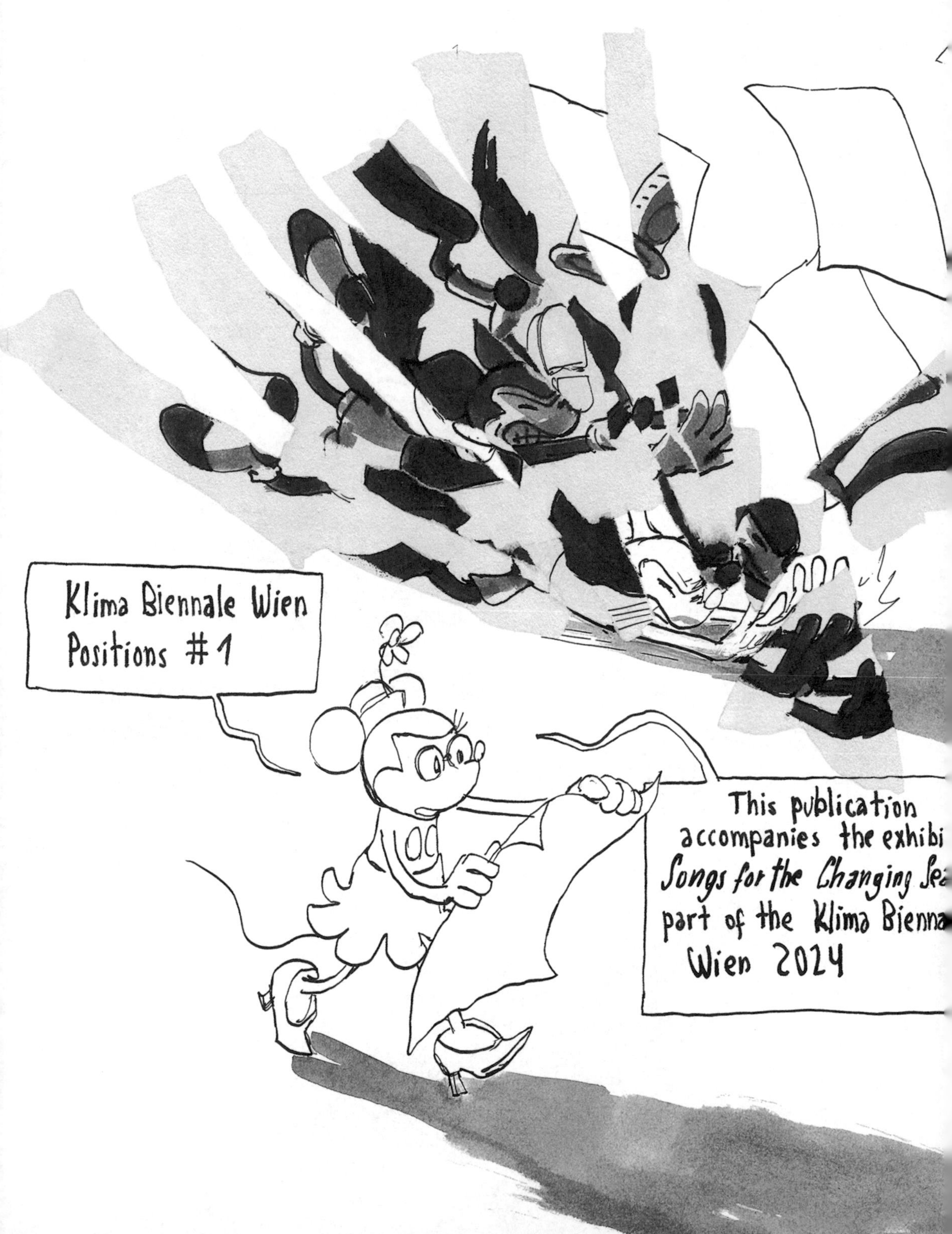
Klima Biennale Wien
Positions #1
This publication
accompanies the exhibi
Songs for the Changing Se
part of the Klima Bienna
Wien 2024

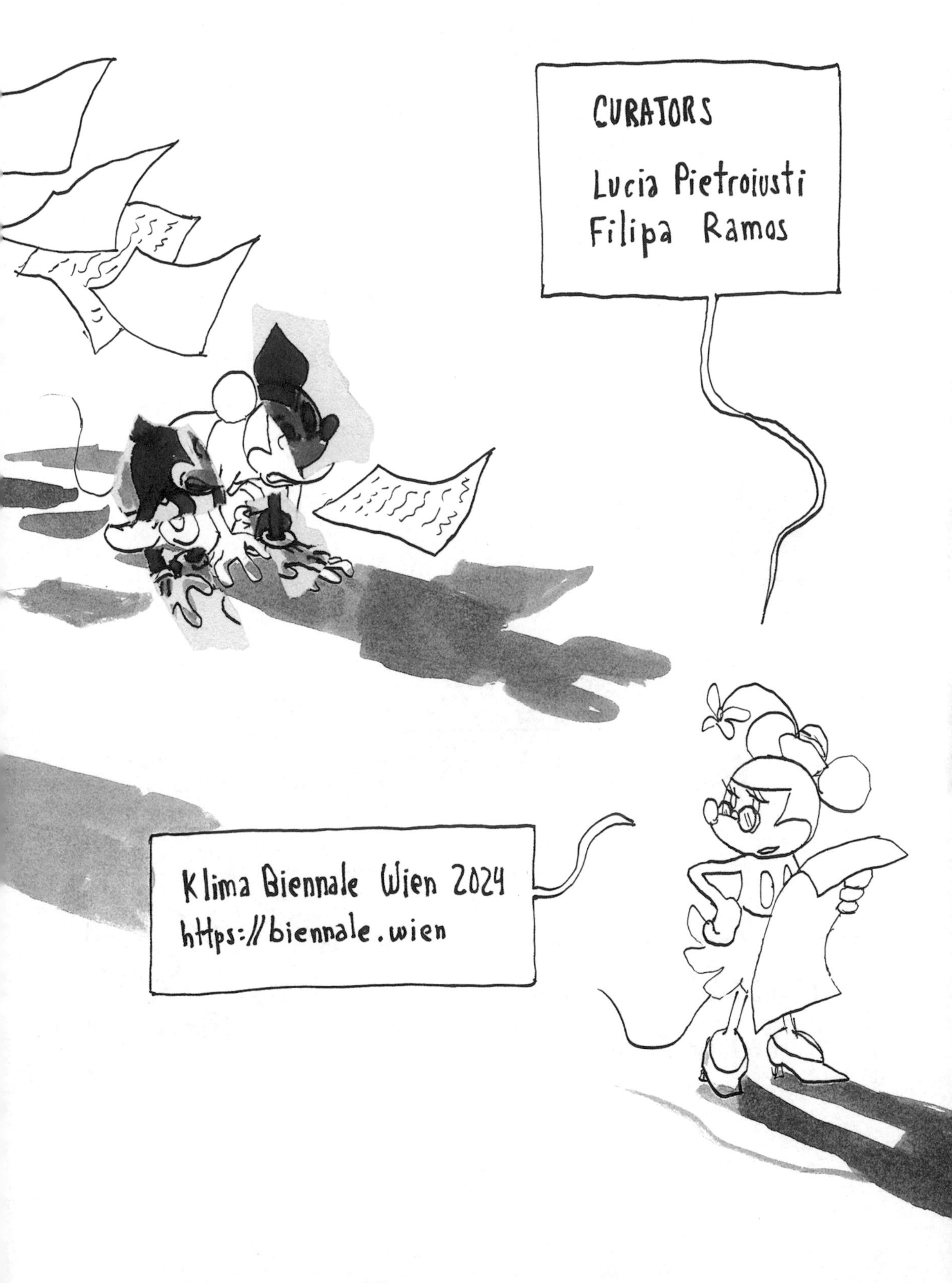

CURATORS
Lucia Pietroiusti
Filipa Ramos
Klima Biennale Wien 2024
https://biennale.wien

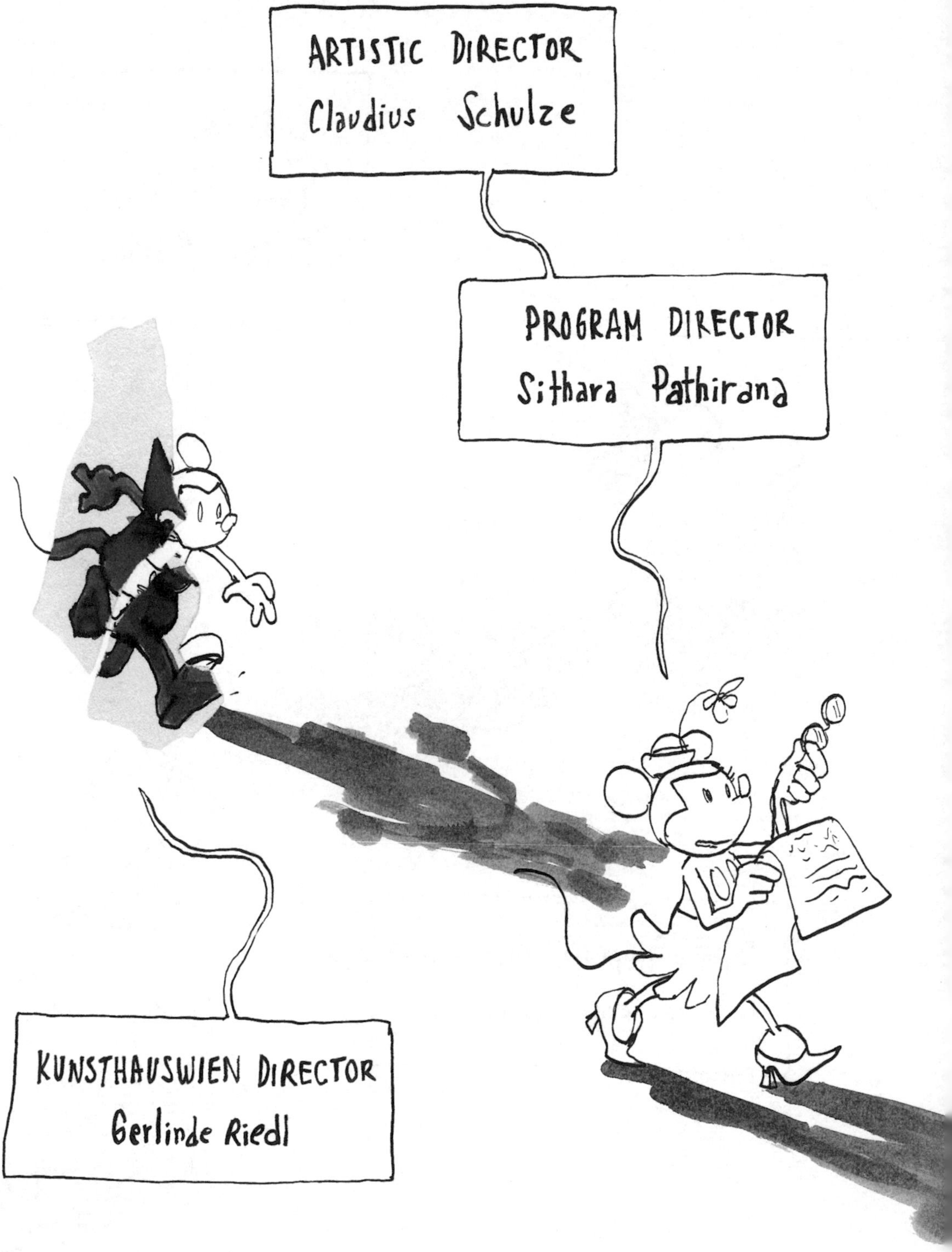

ARTISTIC DIRECTOR
Claudius Schulze

PROGRAM DIRECTOR
Sithara Pathirana

KUNSTHAUSWIEN DIRECTOR
Gerlinde Riedl

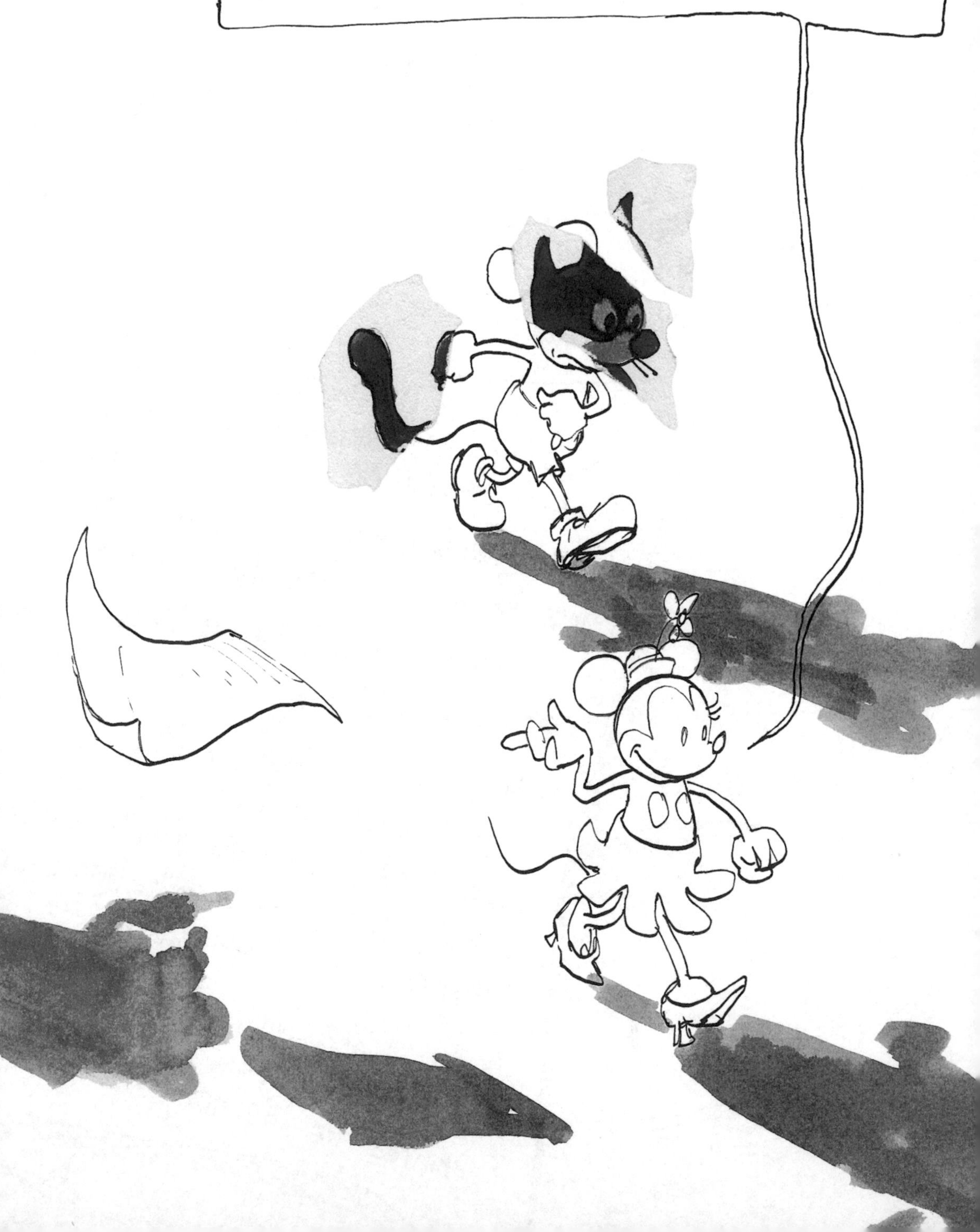

TEAM
Lina Binder, Sophie Halder, Hannah Horn,
Joe Messner, Laleh Pourkhataee Monsef,
Jonathan Pala, Hektor Peljak, Dorothea Trappel

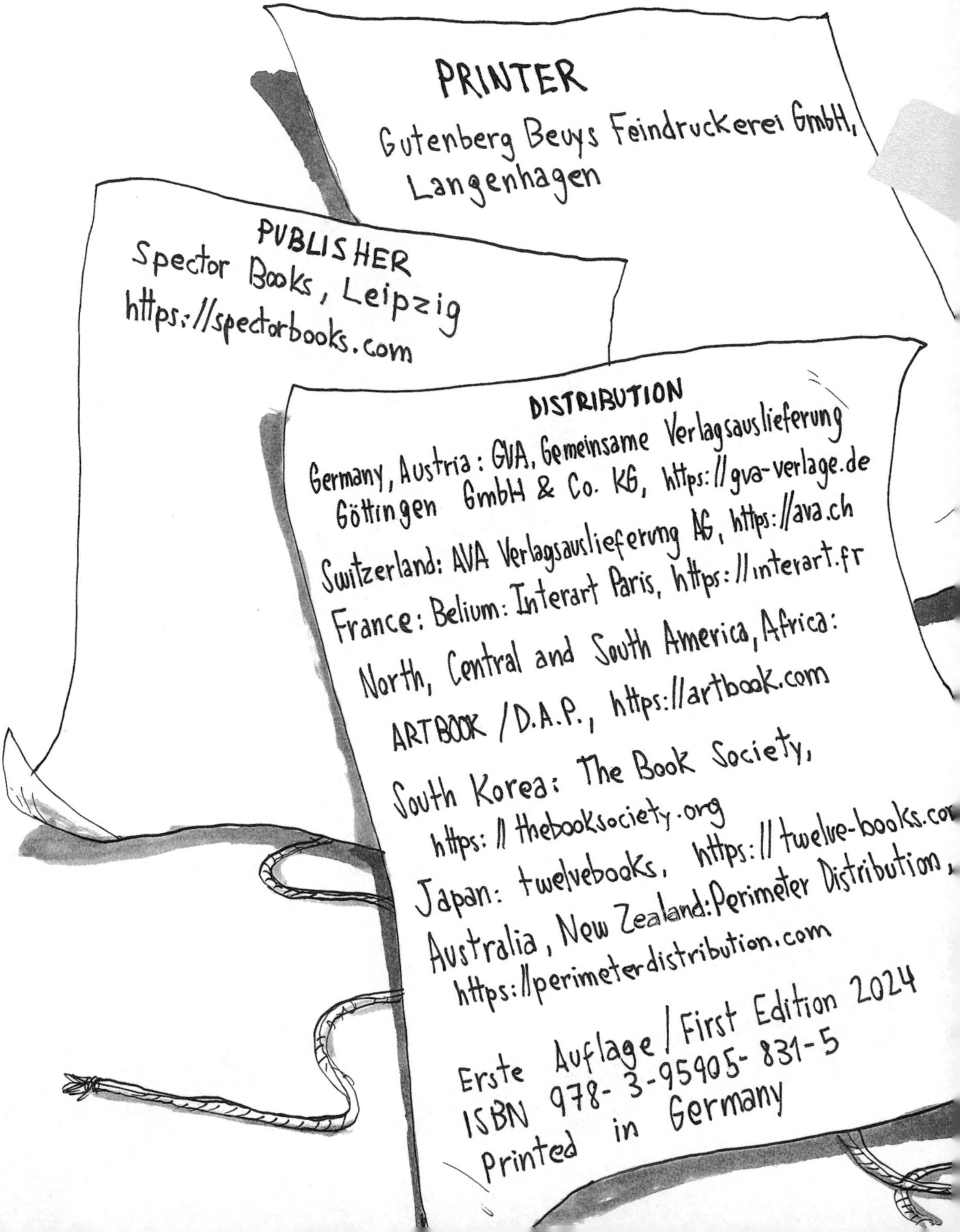

PRINTER

Gutenberg Beuys Feindruckerei GmbH, Langenhagen

PUBLISHER

Spector Books, Leipzig
https://spectorbooks.com

DISTRIBUTION

Germany, Austria: GVA, Gemeinsame Verlagsauslieferung Göttingen GmbH & Co. KG, https://gva-verlage.de

Switzerland: AVA Verlagsauslieferung AG, https://ava.ch

France: Belium: Interart Paris, https://interart.fr

North, Central and South America, Africa: ARTBOOK /D.A.P., https://artbook.com

South Korea: The Book Society, https://thebooksociety.org

Japan: twelvebooks, https://twelve-books.com

Australia, New Zealand: Perimeter Distribution, https://perimeterdistribution.com

Erste Auflage / First Edition 2024
ISBN 978-3-95905-831-5
Printed in Germany

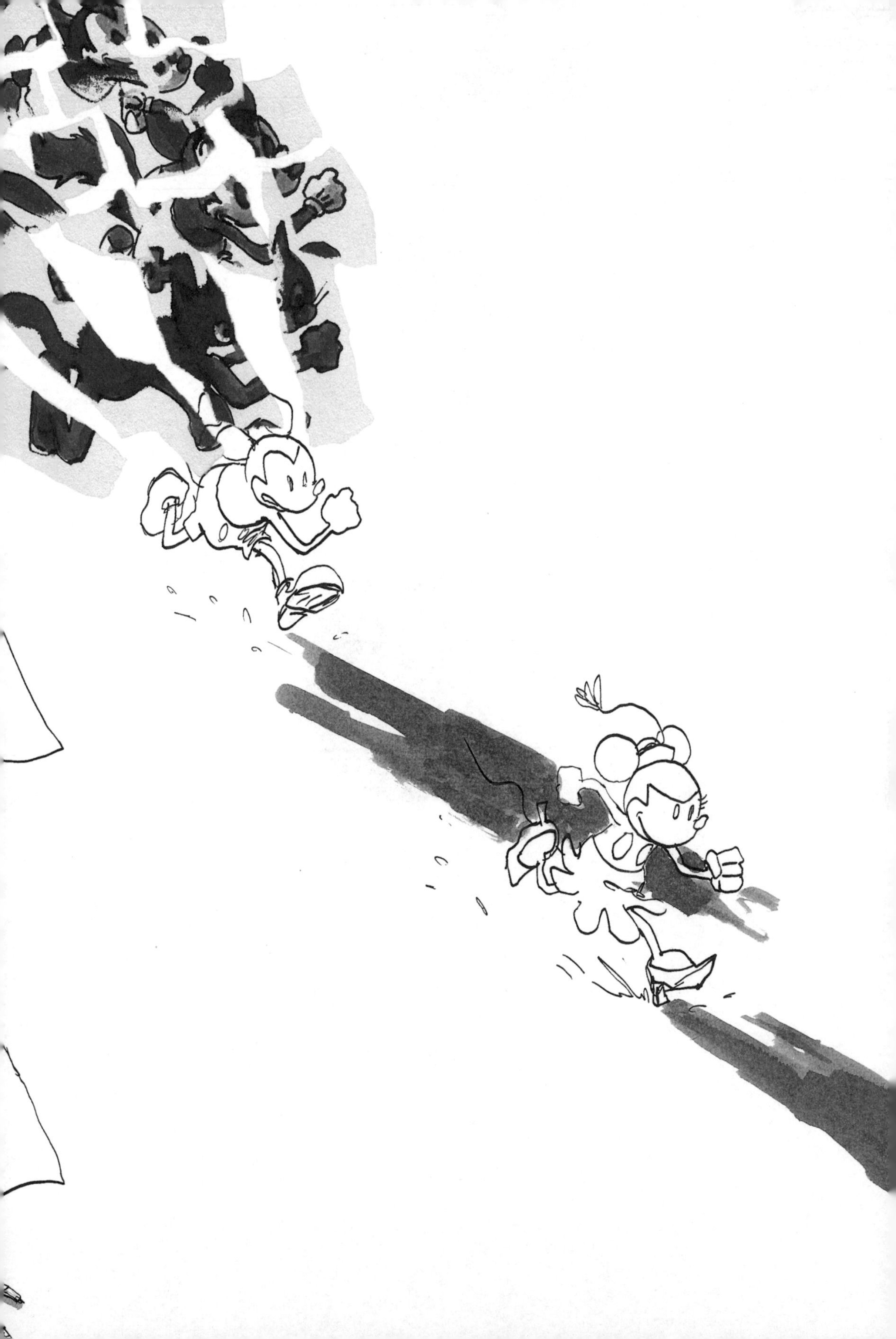

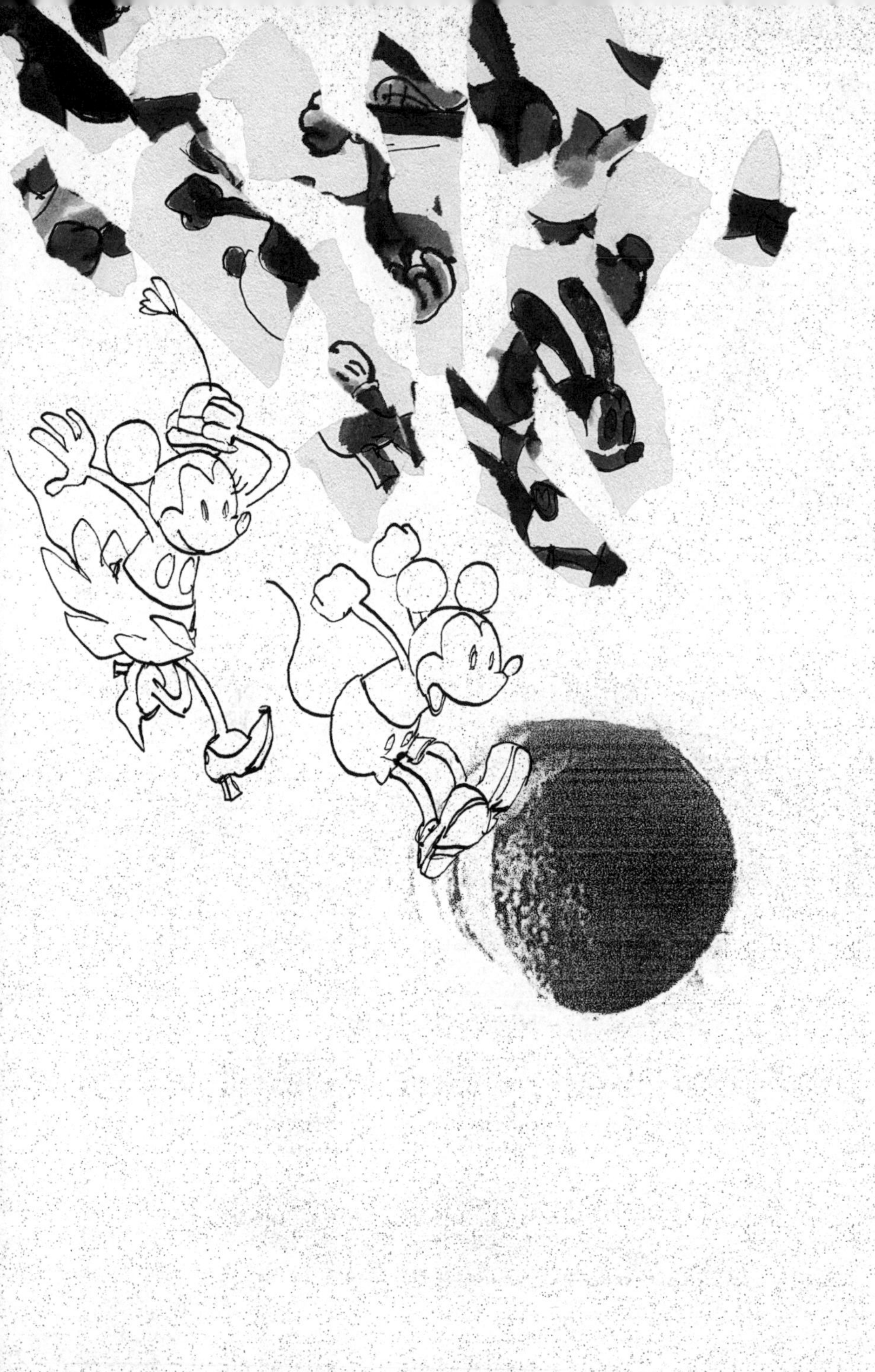